www.tredition.de

AF202275

Der Autor

REINHARD PAULSEN (*1947)
In den Jahren 1967-1974 studierte er Geschichte an der Universität in Kiel. Er schloss das Studium mit dem Grad eines Magister Artium ab. Danach verließ er das akademische Intellektuellenmilieu und absolvierte eine Schlosserlehre. Anschließend arbeitete er als Betriebsschlosser in einer Aluminiumhütte, um dann 1977 zu einem weltweit tätigen Konzern der Chemischen Industrie zu wechseln, in dem er 35 Jahre bis zu seinem Ruhestand 2012 angestellt war. Seine Arbeit umfasste Schlosser-, Techniker- und Ingenieursarbeit und Tätigkeit in der Qualitätssicherung und im Reklamationswesen. In all diesen Jahren war er basisgewerkschaftlich engagiert, sei es als Vertrauensmann, als Betriebsrat oder in der gewerkschaftlichen Erwachsenenbildung, wobei er persönlich kritische Distanz zum Gewerkschaftsmanagement hielt. 2002 kehrte er, parallel zu seiner beruflichen Tätigkeit nach 28 Jahren, an die Universität zurück und arbeitete ab 2006 an der Universität Hamburg, Fakultät für Geisteswissenschaften an einem Promotionsprojekt zu hamburgischer und europäischer Schifffahrt im Mittelalter und deutscher Forschungsvergangenheit, das er im Jahre 2014 mit dem Grad eines Dr. phil. in mittelalterlicher Geschichte abschloss. 2013/2014 nahm er Lehraufträge in mittelalterlicher Geschichte an der Universität Hamburg wahr.

Mein lieber Yanis ...

Ein Essay über

Linke
Strategie

Und ein längerer Offener Brief an Yanis Varoufakis

von

Reinhard Paulsen

www.tredition.de

© 2016 Reinhard Paulsen

Verlag: tredition GmbH, Hamburg

ISBN
Paperback: 978-3-7345-8321-6
e-Book: 978-3-7345-8323-0

Printed in Germany

Coverdesign Gunther Sosna

INHALT

Vorwort

Diese Abhandlung entstand im Frühjahr und Sommer 2016 im Zusammenhang mit der Formierung von DIEM25. Diese „Democracy In Europe Movement 2025" wurde im Februar 2016 von einer Initiatorengruppe um den früheren griechischen Finanzminister und Wirtschaftsprofessor Yanis Varoufakis als vielversprechende, pan-europäische Demokratiebewegung ins Leben gerufen. Ich schloss mich an und wurde in der Hamburger Ortsgruppe aktiv.

Natürlich ging es in dieser erste Phase um eine Diskussion der Grundlagen, auf der diese basisdemokratisch konzipierte Bewegung arbeiten und ihre Aktivitäten ausrichten wollte. Wie die Vergangenheit zeigt, enden solche Ansätze leicht als politische Strohfeuer, wenn sie nicht einen soliden Klärungsprozess durchlaufen. Es zeigte sich für mich in den Verlautbarungen und Grundsatzpapieren als auch in der Meinungsvielfalt meiner neuen Mitaktivisten viel Unausgegorenes, großer Klärungsbedarf und vieles, was mit den Erfahrungen eines langen politischen Lebens nicht vereinbar war.

Da die mir wichtigen Grundsatzfragen tiefer gingen als der bereits vorstrukturierte, interne DIEM-Diskussionsansatz, entschloss ich mich, einen Offenen Brief an Yanis Varoufakis zu schreiben, denn es war offensichtlich, dass seine politische Ausrichtung und Vorgaben der Dreh- und Angelpunkt von DIEM25 sind. Dieser Brief wuchs sich automatisch zu einem längeren Essay aus. Wie immer erwächst Neues aus einer gründlichen Kritik des Alten und Bestehenden. Und so wurde aus dem Offenen Brief ein „längerer Offener Brief", in dem ich versucht habe, den heutigen Grundfragen sich als links einordnender Politik auf den Grund zu gehen und kritisch teilweise völlig neu zu beantworten. Und so wurde aus meinem Brief an

Yanis zugleich ein politischer Grundsatzessay von 110 Seiten über linke Strategie, der bei weitem den Rahmen von DIEM25 sprengt und versucht, Antwort auf bohrenden Fragen besorgter Menschen nach der Zukunft des Landes, der Welt, ja des Planeten Erde zu geben .

Ich schickte Yanis also Ende August den Offenen Brief zu, den ich für eine länderübergreifende Kommunikation auf Englisch verfasst hatte und postete DIEM-intern einen dreiseitigen „Trailer", um auf das längere Papier zum Downloaden aufmerksam zu machen. Von Yanis erhielt ich eine kurze, freundliche Eingangsbestätigung, hörte dann aber nie wieder etwas von ihm. In der DIEM-Organisation selber nahm niemand die geringste Notiz von meinen Bemühungen. Ich kann nicht sagen, warum das so ist - ob man an den Fragen kein Interesse hat, ob man mir von der Führungsgruppe wegen der teilweise sehr harten Differenzen aus dem Wege geht oder ob viele Aktivisten nicht mit einem solchen langen Text auf Englisch zurechtkommen. Ich habe deshalb den englischen Essay überarbeitet, selbst in das Deutsche übertragen und in die hier vorliegende Buchform gebracht.

Ich hoffe natürlich auf eine rege Diskussion meiner Kritik an DIEM25 und meiner strategischen Grundüberlegungen in der Hoffnung, den globalen Kampf gegen den sich abzeichnenden ökonomischen, politischen und kulturellen Abgrund voranzubringen, dem die herrschenden Weltverhältnisse immer bedrohlicher näher kommen.

Hamburg, im November 2016   *Reinhard Paulsen*

Lieber Yanis,

Ich hätte wirklich nicht damit gerechnet, jemals in meinem Leben einen Brief an dich zu schreiben. Und doch scheinen sich unsere Wege dank der DIEM25-Initiative zu kreuzen. Ich bin Historiker und außerdem fast anderthalb Jahrzehnte älter als du. Das mögen unter anderem zwei Gründe dafür sein, dass wir die Dinge dieser Welt von einem unterschiedlichen Blickwinkel aus betrachten und einschätzen. Ich habe natürlich das Manifest und die anderen DIEM-Dokumente studiert und mich mit der Abhandlung „Bescheidener Vorschlag zur Lösung der Eurokrise" und deinem Buch „And The Weak Suffer What They Must?" auseinandergesetzt. Ich habe bei deinen vielen Internet-Video-Auftritten genau hingehört. So habe ich dich erfahren können als einen großartigen, überzeugenden, ja charismatischen Redner und Diskussionspartner. Nun hat mich meine Lebenserfahrung gelehrt, in so einem Fall besonders aufzupassen und das spontan Begeisternde zu verifizieren. Jedenfalls löste die Beschäftigung mit dir und DIEM25 bei mir einen inneren Aufruhr aus. Früher Erlebtes passte nicht mit rationalen Überlegungen zusammen; verdrängte Enttäuschungen drängten an die Oberfläche, forderten Widerstand und aktive Opposition ein. Mein Alter von 68 war keine Ausrede mehr, im Gegenteil.

1 Ich, meine Zeit und die Bestie des Nationalismus

1967 warst du sechs Jahre alt, als du die damalige neofaschistische, griechische Militärdiktatur miterlebtest. Ihr musstet euch unter einer rote Decke verkriechen, um die Deutsche Welle im Radio zu hören (du berichtest davon im Vorwort von „And The Weak …"). In jener Zeit sammelte ich bereits Erfahrungen über Politik und Gesellschaft als Aktivist in der 68er Studentenbewegung. Während du in deinem Elternhaus als Bewunderer Willy Brandts und der deutschen Sozialdemokratie aufwuchst, beteiligte ich mich an der Entlarvung alter Nazi-Netzwerke und der Enttarnung von Seilschaften ehemaliger NS Parteigenossen, die sich immer noch gegenseitig deckten. Selbst heute noch siehst du in der Bretton Woods-Nachkriegsperiode mit ihrem US Gold- und Dollarstandard „die goldene Zeit des Kapitalismus" und einen "einzigartigen Moment in der Menschheitsgeschichte".[1]

1.1   Ein einzigartiger Moment in der Menschheitsgeschichte?

Für meine Generation stellte sich die Nachkriegsperiode als die Zeit eines weltweiten US-amerikanischen Coca-Cola Imperialismus dar. Im Schlepptau der einzigen westlichen Supermacht wurde Westdeutschland als der zukünftige, dankbare und gehorsame transatlantische Juniorpartner aufgebaut.

Im Zweiten Weltkrieg gerieten die imperialistischen Weltmächte zum zweiten Mal aneinander. Die Karten globaler Machtverteilung, internationaler Blockbildungen und ökonomischer Hegemonie wurden neu gemischt. Dieser zerstörerische Machtkampf löschte alles aus, was Gesellschaften zum Leben benötigen - die Produktionsstätten, die Industriestandorte, die Infrastruktur und Abermillionen von Arbeitskräften. In den meisten Ländern hatte der Krieg das soziale und ökonomische Leben zum Erliegen gebracht. Deutschland war ausradiert. Ökonomisch betrachtet war der Weltkrieg ultima ratio und tabula rasa des kapitalistischen Systems. Es konnte gar nicht anders kommen, als dass die Nachkriegsperiode in einem zerstörten Europa zu einer Zeit des Wiederaufbaus, des Wachstums und der Prosperität wurde. Der Neustart des Kapitalismus nach dem Weltkrieg konnte sich nur als ein Aufblühen gestalten.

Aber war er deshalb ein „einzigartiger Moment in der Menschheitsgeschichte?" Nein, lieber Yanis! Eher ist das Gegenteil der Fall: eine sehr traurige, schmachvolle Zeit der Geschichte, mit kriegstraumatisierten, hungernden Menschen, die versuchten, die Gräuel des Krieges hinter sich zu lassen, so viele Männer tot oder in Kriegsgefangenschaft. Überall entwickelten gerade die Frauen einen zähen Überlebenswillen für sich und ihre Familien. Das gilt auch im besonderen Maße für die deutschen Trümmerfrauen. Mein eigener Vater starb nach der Kriegsrückkehr an schweren Kriegsverwundungen und musste seine Frau mit ihrem kleinen Sohn allein lassen – das war ich. So war die Lage überall in Europa oder auch in Japan. Unabhängig von der Kriegsschuldfrage erhob sich die Nachkriegsperiode aus den Militärfriedhöfen des Zweiten Weltkriegs, dem Holocaust, aus den Atombomben „Little Boy" und „Fat Man", die Hiroshima und Nagasaki ausradierten, oder aus dem gegenseitigen Bombenterror gegen die Zivilbevölkerung in überfüllten Städten.

In Westdeutschland wurden die 50er und 60er Jahre zur sogenannten „Wirtschaftswunderzeit". Die Wirtschaftsbosse der
Vorkriegszeit waren wieder am Ruder – bis auf einzelne, in den
Nürnberger Kriegsverbrecherprozessen Verurteilte. Die wirtschaftliche Machtelite wurde nach wie vor durch die wieder
zugelassenen Kohle- und Stahlkonzerne, die zunächst entfloch-
tenen, monopolistischen Chemiegiganten und die traditionel-
len, systemisch unverzichtbaren Universalgroßbanken geprägt.
Ihre politischen Parteigänger und Beauftragten gruppierten
sich nun um eine westlich-demokratische Verfassung und
organisierten sich in neuen, passenden Parteien, die aber alle
alte Wurzeln hatten.

Der NS Größenwahn hatte völligen Schiffbruch erlitten. Der
alte nationalistische Geist, diese Ideologie deutscher Anma-
ßung war jedoch keineswegs überwunden. Versteckt hinter
westlicher, demokratischer Modernität überlebte ein deutscher Anspruch auf naturgegebene Führerschaft aus angebo-
rener Überlegenheit mehr oder weniger unbeschadet und
wartete auf „bessere Zeiten". Andererseits standen in den
siegreichen Ländern Nationalstolz und Hurra-Patriotismus in
voller Blüte. Ihre Verachtung für Deutschland und der Befriedi-
gung darüber, diesen gefährlichen Mitspieler auf der ökonomischen Weltbühne niedergerungen zu haben, vereinte sie allerdings nur vorübergehend und oberflächlich.

1.2   Die Nachkriegsperiode

Die Nachkriegskonzepte für ein vereintes Europa standen in
der Kontinuität ihrer nur den Gegebenheiten angepassten
Vorläufer. Europastrategien waren nicht neu, im Gegenteil.
Das wichtigste Kriegsziel Nazideutschlands bestand in der Er-
richtung einer sogenannten kontinentaleuropäischen Großraumwirtschaft unter der Führung eines Großdeutschen Rei-

ches. In dieser wirtschaftlichen und politischen Blockbildung sahen die Nazis auch ihre globale Positionierung im Kampf um Welthegemonie. Solche europäischen Blockbildungspläne bestanden nach dem Krieg fort, auch wenn sich ihre strategische Ausrichtung wandelte. Nach neuer Lesart diente ein vereintes Europa der westeuropäischen ökonomischen und politischen Integration unter US-amerikanischer Schirmherrschaft. Genauer ausgedrückt, man wurde Bestandteil der Bretton Woods-Welt des Dollars. Darüber hinaus spielte dieses neue Europa eine zentrale Rolle als Bollwerk des kapitalistischen Westens im Kalten Krieg gegen den östlichen Sowjetblock. Die deutschen Staaten beiderseits des Eisernen Vorhanges wurden schon bald zu einem ernsthaften Faktor in den Machtkämpfen des Kalten Krieges.

Und so ging die westeuropäische Integration auf eine Weise vonstatten, wie du, Yanis, sie in deinem Buch analysiert hast. Was aber konnte man damals und was kann man heute von diesem alten Europa erwarten? Wir allen kennen die Geschichte Europas zumindest in ihren groben Umrissen und da offenbart sich eine unerfreuliche Realität: Jahrhunderte blutiger Kriege; wieder und wieder gingen die verschiedenen Völker Europas aufeinander los, töteten sich gegenseitig und hassten sich leidenschaftlich. Sie eroberten, unterdrückten und zerrissen sich gegenseitig ihre Länder im Namen von Religion, Kultur, Sprache, Revolution, Vater- und Heimatland oder alter historischer Ansprüche. Alles das kulminierte in zwei monströsen Weltkriegen. Die Massen der einfachen Bevölkerung auf allen Seiten mussten die Zeche mit unsäglicher Not, Elend und unvorstellbarem Blutzoll zahlen. Ihnen wurde schon vorher ununterbrochen nationalistisches Misstrauen eingeimpft. Sie wurden angeblich zum Besten ihres jeweiligen Nationalstaates gegeneinander aufgehetzt. Nationale Wunden heilen nur langsam und die Narben der Geschichte schmerzen noch eine lange Zeit. In dieser Hinsicht sind die 75 Jahre seit dem Weltkrieg eine recht kurze Zeitspanne. In Zeiten des Wohlstandes präsentiert sich die Welt vernünftig und freundlich. Sollten jedoch die ökonomische Situation kritisch und die politische Lage angespannt werden, zeigt sich, wie dünn doch das Eis zivilisierter Einheit und gegenseitiger Wertschätzung sind. Es bricht schnell ein und die Bestie des Nationalismus und gegenseitiger Verachtung erscheint wieder an der Oberfläche. Genau so etwas spielt sich gerade in Europa ab. Es wäre naiv, diese historischen Erfahrungen und Prägungen zu ignorieren, die tief im kollektiven Unterbewusstsein der europäischen Völker gespeichert sind. Immer wieder folgte man gehorsam, wenn auch oft widerwillig oder niedergeschlagen, „dem Ruf des Vaterlandes", in Wahrheit aber nur Königen und Päpsten, Kaisern und Faschistenparteien, Zentralkomitees und Präsidenten in ihre Kriege um Herrschaft, Reiche und Nationalstaaten.

1.3 Das verlogene, nationale "WIR"

Was also vernebelt heute wieder in steigendem Maße Gemüt und Denkweise vieler normaler Leute? Was bringt sie dazu, ihresgleichen aus benachbarten Ländern zu misstrauen oder gegen Menschen anzukämpfen, die als verzweifelte Flüchtlinge zu uns kommen? Was lässt sie selbstsüchtig und herzlos werden, überall in Europa Rechtsextremisten unterstützen und Populisten und Demagogen des rechten Lagers hochzuspülen? In den Jahrhunderten vor der Globalisierung erlebten die Generationen der Menschen im Schnitt zwei Kriege mit. Schreckliche und brutale Kriegserlebnisse verzerrten sich zu tiefsitzendem Nationalismus. Das machte es für nationalistisch indoktrinierte europäische Bevölkerungen sehr schwer einzusehen, dass sie sich vor fremde Kriegskarren hatten spannen lassen. Sie konnten sich nur schwer eingestehen, dass sie nicht für ihre eigenen Interessen marschiert waren, sondern von herrschenden Klassen für deren Konkurrenz- und Machtkämpfe und Hegemoniestreben ausgenutzt worden waren.

Die einfachen Leute misstrauen gewöhnlich „denen da oben". Sie sind aus Erfahrung misstrauisch gegen das, was ihnen von der wirtschaftlichen, politischen und wissenschaftlichen Elite vorgesetzt wird. Dennoch schafft es diese Spitzengruppierung immer wieder, die Mehrheit auf ein engstirniges, kollektives, nationales „Wir" festzulegen (WIR Briten, WIR Deutschen, WIR Franzosen, Griechen, Dänen, …). Es gelingt, die Menschen zu verwirren und zu verunsichern. Sie reagieren mit Misstrauen nach allen Seiten und suchen Sicherheit in ihrer jeweiligen nationalen Schale. Die Briten haben immer wieder mit einem Rückzug in die „splendid isolation" das klassische Beispiel geliefert. Andererseits zeigte englische, nationale Empfindlichkeit mehrmals in der Geschichte seismographisch gefährliche Machtkonzentrationen auf dem Kontinent an. Der Brexit (er fand zeitgleich zu diesem Essay statt) scheint in dieser Beziehung die neueste Warnung zu sein. Zugleich ist er Anschauungsunterricht dafür, wie ein anmaßendes, nationales „WIR" ein Land ruinieren kann.

Immer aber strebte man überall in den Bevölkerungen auch nach Frieden und guter Nachbarschaft. Es gab immer internationale Solidarität mit anderen Völkern, die für ihre Rechte kämpften. Die Geschichte kennt immer wieder bewundernswerte Beispiele des intellektuellen, politischen und bewaffneten Widerstandes gegen alle Arten von Unterdrückung, Ausbeutung und Ungerechtigkeit. Dabei kam es regelmäßig darauf an, so deutlich wie möglich Freund und Feind auseinander zu halten, denn diese Grenzziehung entschied letztlich immer zwischen Sieg und Niederlage. Man muss sich vor Augen halten, dass viele, vielleicht sogar die meisten der Befreiungsbewegungen, Rebellionen und Aufstände in der Geschichte durch falsche Freunde zu Fall gebracht wurden, dass sie von innen heraus besiegt wurden. In modernen Zeiten ist es mehr denn je das allumfassende, nationalistische „WIR", das mehr als alles andere den Blick für falsche Freunde trübt. Das verlogene „WIR" täuscht gesellschaftliche Einheit unter Gleichen vor. Es kann aber keine nationale Gemeinschaft zwischen kapitalistischen Arbeitgebern und angekauften Arbeitnehmern, zwischen Finanzeliten und besitzlosen Bevölkerungen geben. Es wird niemals Gleichheit herrschen zwischen Werte verschwendenden Oberklassen und den Werte schaffenden arbeitenden Bevölkerungen.

Wir müssen aus der Geschichte lernen. Wir können und müssen dem nationalen „WIR" entgegentreten! Bekennen wir uns offen und stolz zu einem anderen „WIR", zur Tradition des Länder- und Nationen übergreifenden Widerstandes, der weltweiten Selbstbestimmung und der Bekämpfung der realen, gemeinsamen, globalen Feinde – außerhalb und innerhalb unserer Länder.

1.4   Europa, ein Leuchtfeuer der Humanität?

Yanis, was hat dich dazu gebracht, in deinem Buch folgende Behauptung aufzustellen: *„Europa brauchte ein halbes Jahrhundert, um seine Kriegswunden zu heilen und zu einem Leuchtfeuer auf dem berühmten Berg der Humanität zu werden"*[2] Wir haben zur Kenntnis zu nehmen, dass diese heutige Europäische Union mitnichten ein einheitliches, historisches Gebilde darstellt. Ihre Mitgliedsstaaten wachen eifersüchtig über ihre nationalen Souveränitätsrechte und führen ihre Nationalstaatsgeschichte fort. An einer einheitlichen Union beteiligen sie sich nur insoweit und insofern, wie sie ihre egoistischen Interessen bedient sehen, – entweder indem sie mehr aus der Union herausziehen können als sie selbst investiert haben, oder sie heucheln europäischen Gemeinschaftsgeist, um in Wahrheit ihre Einflusssphäre auszudehnen und die Märkte ihres europäischen Hinterlandes zu dominieren.

Ein Leuchtfeuer in der Tat – aber nicht der Menschlichkeit, sondern der Exporte von Waffen und Kriegsmaterial, der militärischen Interventionen und Teilnahme an Kriegen um Öl und der Geschäfte mit verbrecherischen, Erdöl kontrollierenden Regimen wie Saudi-Arabien. Kein Leuchtturm der Humanität, sondern Plattformen für *global players* in der Welt des Finanzwahnsinns von Milliarden weltweit vagabundieren, überflüssigen Kapitals auf der verzweifelten Suche nach profitablen Anlagemöglichkeiten in deflationierenden Ökonomien, auf deren Finanzplätzen es kaum noch möglich ist, das entscheidende Lebenselixier des Kapitalismus zu generieren: Wachstum! Die Europäische Union war niemals dazu ausersehen, als Plattform oder Leuchtfeuer der Demokratie zu dienen und sie wird niemals dazu werden. Von Anfang an war sie der Entwurf für einen leistungsstarken ökonomischen und politischen Block mit dem Ziel, den europäischen Kapitalismus für den globalen Konkurrenzkampf zu qualifizieren. Du liebe Güte, Yanis, wie kommst Du darauf, Europa einen glorreichen Heiligenschein der Humanität zu verpassen?

Erinnerst du dich noch daran, was dem normalen EU-Bürger alles erzählt wurde, als im Januar 2002 der Euro eingeführt wurde? Wir erwarben unsere *starter kits* und man erklärte uns für vereinigt: die Grenzen seien gefallen; Europa sei fast zusammengewachsen; jeder sei nun der Freund des anderen, vereint durch den Euro; eine gemeinsame Währung nur zum Besten der Menschen. Das war alles gezielter Unsinn! Du erklärst uns in „And The Weak …?" warum und wie es zu dem Euro kam, wie man uns mit dieser europäischen Währungsunion des großen Geldes, der Finanzzockerei der Börsenspielhöllen von Banken und Fonds hinter das Licht geführt hat. Spätestens in der Krise 2008 erwachten wir in einer Miniatur-Bretton Woods-Eurozone mit Deutschland zurück an der Spitze einer modernen Version nationalsozialistischer „Europäischer Großraumwirtschaft" – nur dass es dieses Mal ohne die Anstiftung eines Weltkrieges vonstattengegangen ist, sondern durch die Hintertür der Geschichte erreicht wurde.

2 Über die Demokratie

Lass uns von Demokratie sprechen. So ab und zu blitzt bei dir griechischer Nationalstolz auf, wenn du mit dem antiken Athen argumentierst – obwohl die antike, griechische *Polis* zweieinhalb Jahrtausende vor unserer Zeit liegt und du, ich und die EU absolut nichts mit ihr zu tun haben. Ich würde gern als Historiker ein paar Punkte zum Thema Demokratie ausführen.

2.1 Selbstverwaltung vs. Demokratie

Man bezeichnet normalerweise einen Staat als Demokratie oder erachtet ihn als demokratisch, wenn alle Gesellschaftsmitglieder frei und gleich sind. Die freien Menschen entscheiden dann über ihre Angelegenheiten durch Mehrheitsentscheidung. Diese Theorie und Utopie wurden grundlegend in der Unabhängigkeitserklärung der Vereinigten Staaten von Amerika 1776 festgeschrieben. Allerdings hat es in der Geschichte noch keinen demokratischen Staat dieser Art gegeben. Nenne mir nur einen einzigen Staat von ausnahmslos freien und gleichen Männern und Frauen, in dem der kollektive, demokratische Mehrheitswille als Richtschnur der politischen und gesellschaftlichen Entwicklung dient. Das Motto der Französischen Revolution, *liberté, égalité, fraternité (Freiheit, Gleichheit, Brüderlichkeit),* blieb bürgerliches Wunschdenken.

Wir müssen schon weit in die Geschichte zurückblicken - bis zu der Zeit archaischer Stämme – um etwas zu finden, was diesem Ideal zumindest ähnlich sieht. Archaische, naturrechtliche Gemeinschaften beruhten auf Gleichheit, was nicht bedeutet, dass die Stammesmitglieder identisch waren. Sie unterschieden sich selbstverständlich nach Geschlecht und Alter, nach individueller Begabung und Fähigkeiten. Selbst noch in der Zeit des Ausklanges ihres Epoche gestalteten sie ihr Leben nach Mehrheitsbeschluss zumindest der freien männlichen Bauernkrieger. Es sei das Beispiel archaischer germanischer oder slawischer Stämme angeführt. Auf Thing-Versammlungen oder Zusammenkünften erwachsener Krieger wurde nach Mehrheitswahl entschieden. Das gleiche gilt für die autochthone Bevölkerung und die frühen dorischen Invasoren in dem Gebiet der Ägäis.

Solche frühe Art der Lebensgestaltung und Stammesverwaltung in vorzivilisatorischen Zeiten kann allerdings noch nicht als ein Ausdruck von Demokratie gelten. Demokratie ist nämlich eine Staatsform. Archaischen Stammesgesellschaften waren aber noch keine Staaten, auch wenn bürgerlich-idealistische Ideologen Staaten immer wieder als göttlich und ewig verklärt haben. Sie sind vielmehr ein Produkt geschichtlicher Entwicklung und sie entstanden, als sich im Inneren der alten egalitären Sippen- und Stammesgemeinschaften gesellschaftliche Brüche als Folge sozialer und wirtschaftlicher Differenzierung einstellten. Größere private Landbesitzer standen nun Kleinbauern gegenüber, die oft gezwungen waren, sich zu verschulden. Daneben gab es nun die Masse von Bauern ohne Land, von noch freien Arbeitsmännern und das Heer der unfreien Sklavenbevölkerung. Die Genossenschaft von Gleichen wurde mehr und mehr durch die Herrschaft einer privilegierten, landbesitzenden, aristokratischen Elite abgelöst. Die archaische Stammesgemeinschaft überlebte sich in dem Maße, wie der Staat Konturen annahm. Die historischen Unterschiede waren gewaltig. Land wurde nicht mehr als eine Gabe der Natur zum Nutzen aller Stammesmitglieder angesehen. Es veränderte seinen Charakter. In der ägäischen Hemisphäre wurde das Land parzelliert und ging in den Privatbesitz Einzelner über. Daraus entstand die Notwendigkeit, die Landstücke abzustecken und die Zuordnung durch exakte Festsetzung abzusichern. Zum ersten Mal in der Menschheitsgeschichte entwickelte der frühe griechische Staat deshalb ein später von den Römern noch verfeinertes Rechtssystem, welches das Privateigentum als unantastbare Grundlage der Gesellschaft sanktionierte. Der Eigentümer wurde mit einer uneingeschränkten Verfügungsgewalt vor allem über den Landbesitz ausgestattet. Die Klassengesellschaft auf der Basis von Privateigentum und Besitzklassen war Realität geworden. Genau hierin ist der Hauptgrund dafür zu suchen, dass die bürgerlich-kapitalistische Gesellschaft auch heute noch diese griechische Sklavenhaltergesellschaft und ihr juristisches Erbe als Morgendämmerung der westlichen Zivilisation verehrt.

Lasst uns also nicht die Lehre der Geschichte aus den Augen verlieren, dass das Privateigentum nicht nur an Acker- und Weideland, sondern an allen gesellschaftlichen Produktionsmitteln (einschließlich heutiger Besitzanteile an Unternehmen oder Finanz- oder Bankprodukten) nur durch gesetzliche Festschreibung im Dienste einer bevorrechtigten Elite Gültigkeit hat. Folglich muss es möglich sein, solcherart gesellschaftliche Festlegungen jederzeit durch modernisierte, angemessenere Definitionen und neue gesetzliche Bestimmungen zu korrigieren. Ich werde hierauf zurückkommen, wenn wir über soziale Strategien nachzudenken haben.

Demokratie ist ein Regierungssystem in Klassengesellschaften. Die verschiedenen Ausprägungen des frühen Staates ergaben sich aus der Machtbalance und dem Ringen zwischen den damaligen Eliten - Palast, Tempel und Grundbesitzer - als den ersten herrschenden Klassen der Geschichte. Die berühmte griechische Polis war lediglich eine historische Besonderheit dieser Epoche der Staatsentstehung. Ein richtiges historisches Verständnis von der attischen Demokratie (Herrschaft des Demos) setzt eine angemessene soziologische Analyse der frühen athenischen Klassenstruktur voraus, die zu klären hat, von wem der Demos gebildet wurde und wie sich die restliche Bevölkerung, die man kollektiv beherrschte, zusammensetzte. Wenn man den Demos getrennt vom Rest der damaligen Gesellschaft betrachtet, wird man niemals wirklich verstehen, worum es bei der Demokratie ging. Yanis, du solltest sehr vorsichtig sein, wenn du die attische Demokratie als historische Parallele für heutige politische Argumentation benutzt. Natürlich mag das auf den ersten Blick angemessen erscheinen, wenn man weiß, dass sich der Demos nach innen der Mehrheitswahl bediente und die Amtsträger durch ein Losverfahren bestimmt wurden. Aber dessen ungeachtet bestand der Demos lediglich aus einigen Tausend, landbesitzenden, nach Besitz klassifizierten, männlichen Vollbürgern, die als Oberschicht über den unprivilegierten und abhängigen Hauptteil der Bevölkerung herrschte.

2.2 Repräsentative Demokratie und Klassenkampf

'Demokratie' ist heutzutage der wohl am meisten ideologisch verzerrte und abgedroschene Begriff überhaupt. Die Verfassungen der modernen westlichen Staaten erzählen das Ammenmärchen von der Volkssouveränität als Quelle der Staatsmacht. Es gibt wohl keine scheinheiligere Lüge kapitalistischer Nationalstaaten als die Behauptung: „Alle staatliche Macht geht vom Volk aus!" Wie ich bereits ausgeführt habe, war

Demokratie schon bei ihrer Entstehung die staatliche Herrschaft des Demos über die Mehrheit der Gesellschaft.

Man muss grundsätzlich zwischen Verwaltung und Herrschaft unterscheiden. Unabhängig von ihrer sozialen Schichtung und den gesellschaftlichen Klassen benötigt jedes Gemeinwesen immer eine Verwaltung, um die alltäglichen Angelegenheiten des Zusammenlebens zu organisieren. Das gilt umso mehr heutzutage für Bevölkerungen von Millionen und Abermillionen zusammengehöriger Menschen. Diese Aufgabe der Verwaltungsorganisierung fällt in der Geschichte automatisch den jeweils herrschenden Klassen zu, denn nur sie verfügen über die Gestaltungsmacht in dem zuständigen Staat. Natürlich nützen sie die staatliche Verwaltung kräftig für eigene Interessen aus und sichern ihre Privilegien ab. Anders als im alten Griechenland gibt es heute in der „Demokratie" nicht einmal mehr eine breitere Demos-Schicht, die über die Restgesellschaft herrschen könnte. Souveränität ist heute eine Sache des kapitalistischen Bürgertums, welches den Nationalstaat dazu bestimmt, zuerst und vor allem dafür zu sorgen, ihre ökonomische, politische und kulturelle Lebenswelt abzusichern, - selbstverständlich „im Namen des Volkes".

Wir haben es heute in den einzelnen Ländern und auf EU-Ebene mit westlicher, repräsentativer Demokratie zu tun. Dieses Regierungssystem ist bürgerlichen Ursprungs, herausgebildet in den revolutionären Kämpfen in Cromwells England, im amerikanischen, antikolonialen Unabhängigkeitskrieg und in der großen, französischen Revolution. Auf den ersten Blick befreiten diese Revolutionen alle Menschen. Sieht man allerdings genauer hin, so wird deutlich, dass die politischen Errungenschaften tatsächlich nur der bürgerlichen Mittelklasse zugutekamen, zu deren Kerntruppe sich die kapitalistischen Industriellen mauserten. Die bürgerliche Mittelklasse, der frühere Dritte Stand, geht historisch auf die führende Bürgerschicht in spätmittelalterlichen Städten zurück. Mit der industriellen Revolution des neunzehnten Jahrhunderts wurde endgültig das Zeitalter des Kapitalismus eingeläutet.

Die bürgerlichen Revolutionen kümmerten sich wenig um die Unterklassen. Die Mehrheit der Menschen geriet vom Regen in die Traufe. Sie wurden zwar von Leibeigenschaft und Schuldknechtschaft befreit, aber nur, um in das Schicksal von industriellen Lohnarbeitern gepresst zu werden. Das kapitalistische System degradierte sie zu einer neuen gesellschaftlichen Klasse von ausgebeuteten, verelendeten Industriearbeitern - das Proletariat. In allen europäischen Ländern sowie in Nordamerika wurde die Gesellschaft nun unüberbrückbar durch zwei gesellschaftlichen Hauptklassen, Kapital und Arbeit, geprägt.

Was aber wurde aus der Demokratie in solchen tiefgehend gespaltenen, modernen Gesellschaften? Bis in die heutige Zeit hinein drehten sich die sozialen Auseinandersetzungen in der Regel darum, dass die lohnabhängige Arbeiterschaft für eine Verbesserung seiner wirtschaftlichen und sozialen Lage kämpften musste. Das Proletariat lernte, sich in Gewerkschaften zusammenzuschließen und eigene Parteien zu gründen, die dann Massenbewegungen für ein allgemeines Wahlrecht, für die Befreiung der Frau, für Lohnsteigerungen und gegen unerträgliche Arbeitsbedingungen organisierten und Perspektive gaben. Die herrschenden Klassen und ihre politischen Beauftragten versuchten sowohl, diese Bewegungen und ihre Organisationen gewaltsam zu unterdrücken, als auch über die Taktik von Zugeständnissen die Auseinandersetzungen zu entschärfen. Mit Hilfe der Ideologie der sogenannten „Sozialpartnerschaft" konzedierte man ein verführerisches System der Mitbestimmung für hauptamtliche Gewerkschafts- und Parteisekretäre, die man bis hoch zu der Ebene der Aufsichtsräte in Großunternehmen zuließ. Man bezog sie in die Parlamente ein und integrierte sie auf niederer Ebene in die staatlichen Verwaltungen. Auf diese Weise wurden die exponierten Vertreter der Arbeiterbewegung korrumpiert und den eigentlichen Interessen ihrer sozialen Basis entfremdet. All das hatte und hat nichts mit Demokratie zu tun, sondern ist einfach eine weiche Methode im Klassenkampf zum Schutz der Welt des Kapitalismus vor den Ansprüchen und Forderungen der arbeitenden Bevölkerung.

2.3   Von der Klassenzusammenarbeit zum Klassenkrieg

Die Klassenauseinandersetzung nimmt dann neue Formen an, wenn das kapitalistische System als solches und die es sichernden Staaten auf dem Spiel stehen. Keine Oberschicht zögert auch nur einen Moment, Sozialpartnerschaft fallenzulassen und demokratische Mitbestimmung auszuhebeln, wenn sie sich ernsthaft bedroht sieht. In erbitterter Feindschaft gegenüber den Massen ziehen sie dann andere Seiten auf, etwa dadurch, dass sie offene Diktatur zulassen bzw. selbst heraufbeschwören, - sei es in Form eines Staatsstreiches, gewöhnlich in Form eines Militärputsches, der meist durch auswärtige Geheimdienste und Geheimdiplomatie herbeigeführt wird - oder indem man sich offen eines autoritären und faschistischen Regimes bedient. Das letztere fand 1933 mit dem nationalsozialistischen Deutschland statt; davor mit dem faschistischen Italien, danach dem falangistischen Spanien Francos und dem staatlichen Ustascha-Regime in Kroatien in den 40er Jahren. Oder, Yanis, was du persönlich miterleben musstest und was dir selbst gut bekannt sein dürfte, die griechische Junta der Jahre 1967 bis 1974. Wir könnten diese Liste noch beträchtlich ausweiten (Chile, Grenada, Cuba, Vietnam, etc.).

Demokratische Volksrepubliken wurden immer wieder mit schwersten Bürgerkriegen überzogen. Die unteren Volksschichten konnte meist die Macht nur in einer kurzen, vielversprechenden Periode halten – wie z. B. schon im Frankreich des Jahres 1871, als Paris durch eine revolutionäre National-garde gegen eine preußische Invasionsarmee verteidigt wurde. Eine von den unteren Volksmassen gewählte, autonome Revo-lutionsregierung hielt sich 1871 über zwei Monate gegen die deutschen und französischen Truppen der bis dahin herr-schenden Klassen (Pariser Kommune). Dieses erste Leuchtfeu-er einer proletarischen Regierung wurde dann durch die russi-sche Revolution des Jahres 1917 und die Gründung der Sow-jetunion übertroffen. Nicht vergessen werden sollten die kurz-zeitigen Räterepubliken in Bayern und Ungarn im Jahr 1919. In den Jahren 1936 bis 1939 wurde der Spanischen Republik mit ihrer Volksfrontregierung ein Bürgerkrieg aufgezwungen, in dem die spanischen Faschisten durch eine breite Allianz des faschistischen Italiens, Nazi-Deutschlands und der sogenann-ten liberalen Demokratien Frankreichs und Großbritanniens hochgehievt wurden, während an der Seite der Republik inter-nationale Brigaden von Demokraten, Sozialisten und Kommu-nisten aus aller Herren Länder kämpften. Einen weiteren Volksregierungsversuch erlebten wir 1968 durch die Reform-bewegung in der damaligen Tschechoslowakei (Prager Früh-ling), der durch die Panzer des Warschauer Paktes niederge-walzt wurde.

Es gibt nicht die geringsten Anzeichen dafür, dass die Ober-klassen und ihre politischen Repräsentanten jemals ihre Macht demokratisch und freiwillig durch Mehrheitsentscheidung bei Wahlen dem Volk überlassen würden. Weder breit angelegte pan-europäische Bewegungen noch clevere Vorschläge für eine gemäßigte, ökonomische Politik (mehr dazu später) wer-den auch nur einen einzigen politisch verantwortlichen Reprä-sentanten des Kapitalismus davon überzeugen, sich entspre-chend zu verhalten, wenn das System zur Disposition steht.

3 Nationen und globaler Kapitalismus

3.1 Ein gesellschaftliche Gift namens "Nation"

Neben Idee und Praxis der Sozialpartnerschaft gibt es eine unvergleichlich mächtigere Ideologie zur Verblendung der arbeitenden Menschen: Nation und Nationalismus. Nationen entstanden aus konstruiertem Wunschdenken durch Abgrenzungen, Selbstüberhöhung und Begeisterung für eine allgemeine, nationale Sache. Die vagen Vorstellungen von der Nation und ein beschworenes, nationales „WIR"-Gefühl waren die nationalistische Begleitmusik zur Entstehung des modernen bürgerlichen Staates - eine Melodie, nach der die nationalstaatlich herrschenden Klassen die Volksmassen tanzen und oft auch marschieren ließen.

Seit sich die beiden modernen Hauptklassen gesellschaftlich formierten, war die nationale Frage ein zentrales Thema für beide Seiten. Die imperialen und kolonialen Interessengruppen der großen europäischen Mächte waren darauf angewiesen, dass ihnen die Angehörigen der Unterklassen in ihre militärischen Abenteuer folgten, dass sie für die Herrschaften Eroberungskriege ausfochten und sich schließlich in zwei Weltkriegen zur imperialistischen Schlachtbank führen ließen. Umfassende nationale Agitation und Propaganda zielte darauf ab, die Arbeiterklasse vor den Karren hegemonialer Interessen und imperialer Kriegsziele zu spannen. Aber es gelingt nur schwer, den einfachen Mann auf die eigene Unternehmerseite zu ziehen, wenn man ihn gleichzeitig in den eigenen Produktionsstätten ausbeutet oder ihm das Los der Arbeitslosigkeit aufzwingt, und ihn so zusammen mit seiner Familie in die Armut stößt.

In der zweiten Hälfte des 19. Jahrhunderts wurden die nationalen Ideologien und Pläne der rivalisierenden europäischen Mächte von den Führern der damals noch revolutionären Sozialdemokratie schonungslos entlarvt, weshalb man sie voll Verachtung als „vaterlandslose Gesellen" und Verräter stigmatisierte. Sie stellten die militaristischen und imperialistischen Strategien der Herrschenden offen in Frage - trotz strafrechtlicher Verfolgungen. Die Sozialdemokratie war verhasst und als subversive Partei gebrandmarkt. Nichtsdestoweniger – oder gerade deswegen – vertrauten und folgten ihnen große Abteilungen des Proletariats.

Die politische Arbeiterbewegung war immer mit allen ihren Verästelungen von einer anderen, menschlichen Ethik der Solidarität durchdrungen. So legte die Internationale Arbeiterassoziation (Erste Internationale) 1864 in ihren Allgemeinen Statuten fest, *„dass alle Gesellschaften und Individuen, die sich ihr* [der Arbeiterassoziation] *anschließen, Wahrheit, Gerechtigkeit und Sittlichkeit anerkennen als die Regel ihres Verhaltens zueinander und zu allen Menschen, ohne Rücksicht auf Farbe, Glaube oder Nationalität."* 1889 schafften es mehr als 300 Arbeiterorganisationen aus 21 Ländern 467 Delegierte nach Paris zu schicken,[3] um dort die Sozialistische Internationale zu gründen. Der französische Sozialist Lafargue begrüßte die Versammlung mit den programmatischen Worten: *„Ihr seid Brüder und ihr habt nur einen Feind: das Privatkapital – sei es nun preußisch, englisch, französisch oder chinesisch."* Schon das Kommunistischen Manifest von 1848 stellte definitiv fest: *„Die Arbeiter haben kein Vaterland".* Noch im Jahr vor Ausbruch des ersten Weltkrieges verbreiten linke Sozialdemokraten in Deutschland kämpferisch: *„Wir bleiben Todfeinde des Militarismus. Diesem System keinen Mann und keinen Groschen!"*[4] Das war die radikale Ablehnung von „Nationen", „Nationalstaaten", „Vaterländern" und Militarismus. In dem Versammlungssaal in Paris 1889 hing an der Stirnseite ein Spruchband mit der Losung: *„Proletarier aller Länder, vereinigen wir uns!"*

Vielleicht klingt das alles für unsere modernen Ohren antiquiert. Aber die Idee dahinter ist aktueller als jemals zuvor. Hätte die sozialistische Bewegung damals den Internationalismus hochgehalten, anstatt am Ende doch vor „ihrer" jeweiligen nationalen, kriegsrüstenden Herrenklasse zu kapitulieren, so wäre der Menschheit wohl wenigstens der erste Weltkrieg erspart geblieben.

3.2 Nationen und Nationalstaaten: Relikte der Geschichte

Ich gehe deshalb so relativ detailliert auf diese Fragen ein, weil es heute höchste Zeit wird, die Tradition eines kämpferischen Antinationalismus neu zu beleben. Die Entwicklung des globalen Kapitalismus hat historische Dimensionen erreicht, die die engen Grenzen der Nationalstaaten längst gesprengt haben. Nationen und Nationalität sind schwer zu fassen, weil sie nicht wirklich existieren. Benedict Anderson hat schon 1983 aufgezeigt, dass es sich bei der Nation um eine Erfindung, ein Konzept *(imagined communities)* handelt.[5] Eine Nation ist eine fiktive Sache und Nationalismus ist die emotional-politische Ausschlachtung dieser Fiktion. Für Rosa Luxemburg waren ein „Recht auf Nation" und „bürgerliche Gleichheit" metaphysische Phrasen zur Verschleierung der ungeheuerlichen ökonomischen Ungleichheiten.[6]

In den Anfängen diente diese Vorstellungswelt einem Bildungsbürgertum, bürgerlichen Geschäftsleuten und kapitalistischen Unternehmern als ideologische Rückenstärkung in ihren Emanzipationsbestrebungen gegenüber einer aristokratischen und autokratischen Gesellschaft. Die sich radikal verändernden sozialen Gegebenheiten wurden als die Entstehung der Nation gefeiert. Das neue bürgerliche Regierungssystem wurde als Demokratie aufgefasst. Die Souveränität, was auch immer das sein mag, sei nun von gottgefälligen absolutistischen Herrschern auf das Volk, den Demos übergegangen - zumindest behauptete das die bürgerliche, politische Theorie.

Die kämpfenden Unterklassen hatten in den bürgerlichen Aufständen, den Rebellionen und den großen Revolutionen eine tragende Rolle gespielt und wurden da noch als Mitbürger gewürdigt. Das änderte sich, als das kapitalistische Bürgertum seine juristische, politische und militärische Macht im Staat durchgesetzt hatte. Die arbeitende Unterschichtenbevölkerung wurde erneut zu dem herabgewürdigt, was man schon immer in der Geschichte aus ihr gemacht hatte: eine ausgebeutete, elende Masse ohne Rechte. Sie galten zwar nun als Staatsbürger. Aber als Lohnarbeiter einer sich machtvoll industrialisierenden Wirtschaft waren diese „freien Bürger" gezwungen, sich an einen kapitalistischen Unternehmer zu verkaufen. Sie konnten ihren ausbeutenden Arbeitgeber wechseln, nicht jedoch ihren sozialen Status. Sie sahen, das ihre Arbeitskollegen in anderen Betrieben und in den anderen Ländern genau unter den gleichen Zuständen zu leiden hatten wie sie selbst, und lernten, sich für ihre gemeinsamen Interessen zu organisieren.

Das Leben lehrte jeden einzelnen Arbeiter, dass er nur dann stark war, wenn er sich mit seinen Kollegen zusammentat. Verbesserungen ihrer sozialen und politischen Situation erreichten sie nur gegen den erbitterten Widerstand der Bosse. Die kämpfenden proletarischen Bewegungen erfuhren den Staat - die Polizei, das Militär, die Richter, die Politiker - insgesamt als ein feindliches Regime. Sie zählten nicht mehr als Bürger, sondern wurde zu Feinden der Zivilisation erklärt. Streikende Arbeiter wurden von den Herren der Industrie ausgesperrt. Ihre Versammlungen wurden auseinandergetrieben und ihre Demonstrationen niedergeknüppelt. Die sozialistischen Parteien wurden immer wieder verboten und ihre Führer verhaftet. Und trotzdem erkämpften sie das Wahlrecht, wenn auch zunächst nur in einem besitzgesteuerten Drei-Klassen-Wahlrecht. Die Arbeiterparteien drangen dennoch bei Wahlen durch und eroberten sich Parlamentssitze. Bei gesellschaftlichen und politischen Angelegenheiten führte kein Weg mehr an den Organisationen der Arbeiterbewegung vorbei.

Natürlich mangelte es nicht an Versuchen, die Repräsentanten der Arbeiterschaft zu korrumpieren. Jedoch die mächtigste Waffe in den Händen der herrschenden Klasse zur Entfremdung der Unterklassen von sich selbst war die fantasierte Nation. Es ging um diese wahnwitzige nationale „Wir"-Interessengemeinschaft, d. h. um die Identifikation des Volkes mit seiner antagonistischen Gegenklasse. Das ließ die Menschen zu nationalistische Marionetten werden, die man gegen ihre Klassengenossen in anderen Ländern ausspielen konnte. Und so kam es, dass sich einst vereinte sozialistische Delegierte vom Pariser Event 1889 und ihre Nachfolger auf den Schlachtfeldern des ersten Weltkrieges gegenseitig auf Befehl ihrer eigentlichen nationalen Klassengegner umbrachten. Was hatte noch Lafargue angemahnt? *„Ihr seid Brüder und ihr habt nur einen Feind: das Privatkapital – sei es nun preußisch, englisch, französisch oder chinesisch."* Die größte Sünde, die jemals vom Mainstream der sozialistischen Bewegung begangen wurde, war, genau diese Wahrheit zu vergessen und sich unter die Banner von Nationen, Nationalitäten und europäischen Nationalstaaten zu begeben – und sie tun es bis heute.

Ironischerweise existiert innerhalb des die Arbeiterklasse niederdrückenden Kapitalismus ein systemimmanenter Trend zur Förderung der Lohnabhängigen. Die dynamischen Errungenschaften der technisch-industriellen und wirtschaftlichen Prozesse stellten immer höhere Ansprüche an die Arbeitskraft und verlangten nach immer besser ausgebildeten Arbeitern, wissenschaftlich qualifizierten Laborkräften, Ingenieuren mit Universitätsabschluss und immer kompetenteren Angestellten in den Büroetagen. Gerade im letzten halben Jahrhundert hat sich das Anforderungsprofil der Arbeitskraft als Ganzes bezüglich notwendiger weltweiter Konvergenz und Integration im Rahmen transnationaler Unternehmen stark verändert. Es ist erstaunlich, dass das Kommunistische Manifest im Jahre 1848 diese Entwicklung vorhergesehen hat:

„Die nationalen Absonderungen und Gegensätze der Völker verschwinden mehr und mehr schon mit der Entwicklung der Bourgeoisie, mit der Handelsfreiheit, dem Weltmarkt, der Gleichförmigkeit der industriellen Produktion und der ihr entsprechenden Lebensverhältnisse."

Bei der Medaille der Globalisierung gilt es, beide Seiten zu beachten. Einerseits verstrickt sich die kapitalistische Weltwirtschaft immer mehr in ihre eigenen, unlösbaren, inneren Widersprüche. Man ist an sich gezwungen, den abgeschöpften Mehrwert in profitablen Unternehmungen zu reinvestieren, - allein es bieten sich kaum noch entsprechende Investitionsmöglichkeiten. Milliarden von überflüssigem Kapital streunen auf den Weltfinanzmärkten umher. Unternehmen werden zu weltweit produzierenden industriellen und globalen Handelsmonstern aufgebläht. Diese *global players* überziehen die Welt mit Finanznetzen, als deren zentrale Spinnen Banken und andere kapitalkonzentrierende Institutionen jenseits der Reichweite nationaler Rechtordnungen ihr Unwesen treiben. Sie sind heutzutage in der Lage, Finanzwesen und Ökonomie ganzer Staaten durch Finanzzockerei und Spekulationsangriffe in Krisen zu treiben. Sie erpressen die Politik in abhängigen Staaten und haben die internationalen Institutionen im Griff. Die

Vereinten Nationen beispielsweise sind alles, nur keine vereinten Nationen. Der Globus steht heute unter der Knute globaler Spitzengangs von Beherrschern der Weltökonomie.

Aber wem erzähle ich das? Du, Yanis, bist der Professor für Ökonomie, nicht ich.

3.3   Sich ändernde Sichtweisen durch Globalisierung

Globalisierung und Konzentration der ökonomischen und politischen Macht reduzieren zwar die eigenständige Rolle von Nationalstaaten bis zur Unkenntlichkeit, eröffnen aber zugleich Perspektiven für eine zukünftige Verfassung der Welt. Die Rückseite der Medaille ist darin zu sehen, dass die krakenartige Globalisierung zugleich einen höchst wertvollen historischen Effekt hervorruft. Sie bringt nämlich Menschen aus allen Teilen der Welt zusammen und lässt mitunter in einem einzigen internationalen Unternehmen sogar Hunderttausende Arbeitskräfte in weltweiter Arbeitsteilung in ein und demselben Produktions- und Warenverteilprozess zusammenarbeiten. Die Konzernbelegschaften lernen sich über Länder- und Kulturgrenzen hinweg untereinander, oft persönlich, im Rahmen unternehmensinterner Kommunikation als Kollegen kennen. In dem Bemühen, ihre internationale Geschäftspräsenz zu optimieren, arbeiten solche Gesellschaften mit eigenen Unternehmenskulturen, in die sich Männer und Frauen aus allen Weltgegenden jenseits nationaler Enge einpassen.

Das weltweit engagierte Unternehmen, in den ich selber mehr als drei Jahrzehnte tätig gewesen bin, legt großen Wert auf eine gemeinsame Unternehmensphilosophie, um den kulturellen Unterschieden und daraus resultierenden Kommunikationsproblemen zu begegnen. Natürlich geschieht das nicht aus reiner Menschenliebe, sondern aus Gründen einer reibungslosen, und folglich kosteneffektiven Zusammenarbeit. Regelmäßig erscheint ein internes Magazin auf Englisch und Deutsch, in dem u.a. über die international verteilten Produktionswerke, Forschungs- und Entwicklungslabore und die dortigen Belegschaften berichtet wird. Kolleginnen und Kollegen aus unterschiedlichsten Ländern stellen ihren häuslichen und Arbeitsalltag vor, ihren Arbeitsweg, ihre Arbeitszeit in Büro und Produktion und ihre Freizeitaktivitäten. Es ist erstaunlich, wie ähnlich wir uns sind. Während meiner letzten Berufsjahre als Angestellter im internationalen Reklamations- und Qualitätssicherungswesen hatte ich Kontakt mit Mitarbeitern aus Niederlassungen in ca. 25 Ländern. Ich traf viele persönlich, wenn sie die Zentrale und die Produktionsstätten in Deutschland besuchten. Wir e-mailten und telefonierten miteinander, immer die unterschiedlichen Zeitzonen vor Augen. Als ich in China mithalf, ein Zweigwerk anzufahren, wurden wir vorher in crosscultural-Seminaren auf den Chinaaufenthalt vorbereitet. Auf einer Geschäftsreise durch andere asiatische Länder lernte ich meine dortigen Ansprechpartner persönlich kennen. Meine Einstellung zu ausländischen Arbeitskollegen veränderte sich, ohne dass ich es überhaupt bemerkte. In dem Monat, als ich 2011 in Vorruhestand ging, ereignete sich die Nuklearkatastrophe in Fukushima. Ich schickte eine Goodbye-Email an alle meine Kollegen und schrieb damals:

„Ich weiß: Die Zusammenarbeit mit mir lief nicht immer harmonisch ab. In einer globalisierten Welt ist es nicht einfach den jeweils richtigen Ton in allen Lagen zu treffen. Oft kennen wir uns einfach nicht gut genug für einen angemessenen Umgang miteinander. Ich möchte euch aber versichern, dass es mit immer nur darum ging, unsere (...) Organisation und unsere Geschäfte zu sichern. Ich kann in der jetzigen Situation nicht an euch alle schreiben, ohne mir die größten Sorgen um unsere japanischen Kollegen zu machen. Wir alle fühlen uns so hilflos angesichts dieser Albtraum-

bilder im Fernsehen. Liebe Kollegen in Tokio, ich hoffe von ganzem Herzen, dass ihr und eure Familien diese schreckliche, schockierende Zeit heil übersteht. Ich versichere euch unserer aufrichtige Solidarität mit dem Schicksal eures Landes."

Als ein universitätsgestählter und seminarerfahrener studentischer Freiheitskämpfer der 68er Bewegung, gesegnet mit linker und marxistischer Theorie, hatte ich noch nicht viel über das Leben und die Menschen erfahren und hätte zu jener Zeit nie und nimmer einen solchen Brief geschrieben. 34 Jahre später konnte ich es.

4 Kapitalismus contra Demokratie

4.1 Noam Chomsky: Es gibt keine kapitalistische Demokratie

Wir müssen uns jetzt mit einem weiteren ernsten Aspekt bzgl. Demokratie beschäftigen. In einem Vortrag brachte es Noam Chomsky 2014 auf den Punkt: *„Ich habe einleitend festgestellt, dass eine der Beziehungen zwischen Kapitalismus und Demokratie der Widerspruch ist. Es gibt keine kapitalistische Demokratie!"*[7] Stimmst Du dem zu, Yanis? Ich fürchte, das kannst Du nicht. Chomsky doziert sowohl über Neoliberalismus und den klassischen Liberalismus eines Adam Smith als auch über den Unterschied zwischen Demokratie und Freiheit, wie sie sich Apologeten des Neoliberalismus wie Milton Friedman vorstellen. Ich möchte mich dem Thema von einer anderen Seite her nähern in der Hoffnung, allen kopfgesteuerten Theoretikern und gut bezahlen Akademikern etwas zu sagen zu haben.

Versetze dich in die Lage eines normalen Arbeitnehmers (ob Arbeiter oder Angestellter spielt keine Rolle) auf dem Weg zur

Arbeit. Genau in dem Moment, in dem du die Firma betrittst, sei es durch das Werktor oder den Eingang zum Bürogebäude, findet jeden Morgen eine Verwandlung statt: Aus einem Bürger wird eine Arbeitskraft. Außerhalb der Firma bist du ein normaler Konsument von Massenartikeln und gibst dein Gehalt für das Lebensnotwendige für dich und deine Familie aus, denkst vielleicht über ein neues Auto nach oder machst Urlaubspläne. Innerhalb des Firmenzaunes aber verwandelst du dich in ein Nichts. Für die Spanne der täglichen Arbeitszeit hast du dich dem Willen des Firmenbesitzers oder einer Gruppe von Anteilseignern, deren Geschäftsleitung und einer Hierarchie von dir übergeordneten Vorgesetzten zu unterwerfen. Du bist nun kein Mitmensch mehr, sondern eine bloße Investition in „Menschenmaterial" - „human resources" heißt das im Personalabteilungsjargon. Du bist eine Investition in deine berufliche Fähigkeiten und deine Leistungskraft, die man dir per Arbeitsvertrag abgekauft hat. Mit diesem Vertrag unterstehst du ihrer absoluten Kontrolle, bist Unterworfener einer kapitalistischen Diktatur, was dann euphemistisch als „Direktionsrecht der Geschäftsleitung" bezeichnet wird. Nichts von alledem, was du und deine Kolleginnen und Kollegen herstellen, gehört dir. Du bist ein Dieb und Krimineller, wenn du auch nur das kleinste bisschen von dem Produkt deiner Arbeit behältst.

Wenn du dann den ganzen Tag lang diese kapitalistische Entfremdung durchgemacht hast, kommst du zurück nach Hause und wirst dann im Fernsehen darüber informiert, dass Zentralbanken weitreichende Entscheidungen über das ökonomische Schicksal dieses Landes gefällt haben. Finanzminister geben deine Steuergelder für die Rettung bankrotter Banken hin. Saudi-Arabien bekommt Militärflugzeuge und Panzer der deutschen Waffenschmieden mit freundlicher Genehmigung einer Großen Koalitionsregierung und im Mutterland der westlichen Demokratie hat die Polizei an diesem Tag mal wieder einen unbewaffneten schwarzen Bürger erschossen. Obwohl die Medien und alle Typen von Karrierepolitikern ununterbrochen versuchen, dir diese Art von „Demokratie" schmackhaft zu machen, begreifst du allmählich, dass du nicht nur eine Marionette auf der Arbeit, sondern auch eine Wählermarionette in einem abgeschmackten Demokratiespiel bist.

Es besteht kein Zweifel daran, dass Noam Chomsky völlig recht hat: Es gibt keine kapitalistische Demokratie!

4.2   Eine einzige Geschäftspartei mit Volkspartei-Fraktionen

Es ist auch sehr interessant, wie Noam Chomsky das Parteiensystem in den USA beschrieben hat. 2013 hat er einen bezeichnenden Einblick in die amerikanische Demokratie vermittelt:

> *"Die Vereinigten Staaten waren ein Ein-Partei-Staat mit einer business party, die aus zwei Fraktionen bestand, den Demokraten und den Republikanern. ... Aber so ist das heute nicht mehr. Die US sind immer noch ein Ein-Parten-Staat mit der business party. Aber es gibt nur noch eine einzige Fraktion, - und die ist nicht demokratisch sondern gemäßigt republikanisch. Die Demokraten sind heutzutage nach rechts gedriftet."[8]*

Die Parteienlandschaft im alten Europa ist vielleicht zu den Rändern hin bunter. Aber was die sogenannten großen Volksparteien (Christdemokraten und Sozialdemokraten, Tories und Labor) betrifft, so unterscheiden sie sich nicht wesentlich von den US. Am Ende verfolgen sie beide nationale Politik mit dem Hauptziel, dem Kapitalismus mit allen Mitteln zu dienen, d.h. ...

- die absolute Verfügungsmacht des Privateigentums und die Freiheit der Zockerei mit Finanzanlagen zu gewährleisten;

- die „schwere Last der Finanzrisiken" von international tätigen Banken abzufedern;
- Börsen- und Finanzplätze für globale Spekulation abzusichern;
- Die Stückkosten der nationalen Produktion zu Lasten der arbeitenden Bevölkerung strategisch herunterfahren, um so die Exportoffensiven des Landes ermöglichen zu helfen, - Exportoffensiven, die die Ökonomien von südeuropäischen Schuldnerländer erdrosseln und dort riesige Arbeitslosenzahlen hervorrufen.

Das ist die Sachlage: Eine nationale Geschäftspartei mit „Volksparteien" genannte Fraktionen zu dem Zweck, verschiedene Rollen in demselben Bühnenstück zu spielen, um möglichst viele soziale Gruppen einzubinden!

4.3   Wahlverweigerern die Schuld geben?

Das Wahlvolk hat mehr und mehr die Nase voll von dem, was ihm als Demokratie verkauft wird und hat zunehmend die Hoffnung aufgegeben, dass es für es irgendetwas Wesentliches zu entscheiden gibt. Und so bleiben Immer mehr Wähler den Wahlurnen fern. Andere versuchen noch, ein kleineres Übel zu wählen oder dem politischen Establishment einen Denkzettel zu verpassen, indem sie für populistische Rechtsaußenparteien stimmen. Die rechten Rattenfänger knüpfen dabei genau an die politischen und sozialen Missstände an, welche die Business-Fraktionsparteien weder willens noch fähig sind zu beseitigen. Das Einzige, was die Führer dieser Parteien aus der Geschichte gelernt zu haben scheinen ist, die neofaschistischen Rechtsaußen in dem moderne *Game of Thrones* salonfähig zu machen, sollten sie sich zu einem politischen Faktor auswachsen, den man nicht mehr ignorieren kann.

Im linken Lager werden Wahlverweigerer heftig für undemo-
kratisches Verhalten kritisiert, weil sie ihre angeblich wertvolle
Stimme verschenken. Ich sehe das nicht so. Die normalen Leute begreifen sehr genau, dass keine Demokratie herrscht, dass
das Volk nicht am Ruder ist. Viele weigern sich inzwischen, das
Stimmvieh für sogenannte Volksparteien abzugeben, die sie
immer wieder als business-Fraktionsparteien erlebt haben,
auch wenn sie sich noch so demokratisch und volksnah geben.
Die arbeitende Bevölkerung sieht kaum noch eine Chance,
dem Leben als Bauer in dem Gesellschaftsschach der oberen
Klassen zu entkommen. Viele halten wenigstens noch den
Gewerkschaften die Treue, obwohl sie wenig Zutrauen zu den
Gewerkschaftsmanagern haben. Die Leute misstrauen auf der
ganzen Linie den karrieresüchtigen Parteipolitikern, haben
aber keine in ihren Augen vertrauenswürdige Alternative. Und
so meinen sie, es dem Establishment heimzuzahlen, indem sie
rechte Populisten wählen.

Wir sollten Wähler, die nur aus Protest rechts oder gar nicht
wählen, nicht auf die Anklagebank setzen. Wenn sie sich in
emotionaler Protestaktion, - wenn auch vorübergehend – dem
rechten Lager zuwenden, dann sollten wir uns an die eigene
Nase fassen und uns fragen, warum die Partei „Die Linke" oder
sozialistische Parteien in anderen Ländern nicht in der Lage zu
sein scheinen, ihnen eine angemessene, glaubwürdige und
überzeugende politische Alternative zu den Wahlfarcen und zu
den rechten Rattenfängern anzubieten. Anstelle dessen versuchen wir, die Wähler von ihrer angeblichen politischen Wichtigkeit im System des kapitalistisch unterfütterten bürgerlichen
Parlamentarismus zu überzeugen.

Eine Wahlteilnahme hätte nur dann politisches Gewicht, wenn
eine Volksalternative als politischer, parlamentarischer Arm
einer wirklichen, breiten Massenbewegung zur Wahl stünde,
d.h. die nur dieser Bewegung verpflichtet und in der Lage wä-

re, eine wirkliche Volksregierung zu stellen. Eine freischwebende, noch so gutmeinende, linke Partei kann dem ausgeklügelten, professionellen, parlamentarischen Machtspiel nicht standhalten und wird früher oder später „auf parlamentarische Systemlinie" gebracht.

5 Über das Volk

5.1 Das Volk: mal raus aus der, mal zurück in die Demokratie?

Das wirft ein sehr heikles Thema auf: Wer ist denn der Demos, das Volk? Wie sieht die „schweigende Mehrheit" aus? Wie du auf der DIEM25 Gründungsveranstaltung in Berlin im Volksbühne-Theater dargestellt hast, wird eine breite DIEM25-Koalition aller möglichen Demokraten angestrebt. Sie *verfolgt den Zweck, den Demos wieder in die Demokratie gegen den Willen des EU Establishments einzusetzen"*.[9] Und du hast weiter ausgeführt: *„Demokratie wurde aus dem Entscheidungsprozess der Europäischen Union herausgebleicht. Der Demos wurde schon vor langer Zeit aus der Demokratie herausgenommen."*[10] Was meinst du mit „aus der Demokratie herausgenommen" („has been taken out of democracy") und was bedeutet „wieder in die Demokratie einsetzen" („put back in the democacy")? Diese Thematik hat verschiedene Aspekte.

Erstens. „Aus der Demokratie herausgenommen worden zu sein" und nun wieder „in die Demokratie eingesetzt zu werden" bedeutet, dass es in früheren EU-Zeiten eine Demokratie des Volkes gegeben hat. Das heutige Europa muss nun wieder demokratisiert werden. Demnach gab es erst Demokratie mit Volk, dann ohne Volk und nun bald wieder mit Volk. Du selbst hast das Werden des modernen Europas als einen Prozess nationaler Machtpolitik herrschender Klassen analysiert. Ich habe aus deinen Schriften gelernt, dass es niemals eine Herrschaft des Volkes gegeben haben kann, weder im Brüssel der EU noch in den Mitgliedsstaaten. Das Manifest stellt fest:

> *„Ökonomisch betrachtet begann die EU als ein Kartell der Schwerindustrie (später bezog sie noch die Bauern mit ein), das entschlossen war, die Preise zu diktieren und die Gewinne des Oligopols durch die Brüsseler Bürokratie zu verteilen."*

Die EU begann also als Oligarchie mit einer Brüsseler Bürokratie. Da es nun im Nachkriegseuropa nirgends eine Demokratie des Volkes gegeben hat, wie kann man dann das Volk w i e d e r in die Demokratie einsetzen? Wie mir scheint, liegt der Wiedereinsetzungsforderung von DIEM ein wirres Verständnis von Demokratie zugrunde.

Zweitens. „Zurück in die Demokratie" ist in sich widersprüchlich. Wenn man den Demos wieder in die Demokratie zurückbringen will, müsste es einige Zeit Demokratie ohne Demos gegeben haben. Demokratie bedeutet aber Herrschaft des Demos. Also wird hier eine Herrschaft des Demos ohne Demos unterstellt. Genau diese Periode von Demokratie ohne Demos ist für dich zugleich ein Regime ganz ohne Demokratie („Demokratie wurde ausgebleicht"). Wer aber herrschte nun in dieser Demos-losen Demokratie, der die Demokratie ausgetrieben worden war? War es vielleicht eine Oligarchie oder eine Diktatur? Du siehst, Yanis, du bringst die Dinge ziemlich durcheinander.

Drittens. Mein Engagement für die Demokratiebewegung gilt einem DIEM25, das in der ersten Reihe der Menschen mitmarschiert, die aktiv und offensiv für ihre grundlegenden ökonomischen und politischen Rechte gegen das europäische, oligarchische Establishment kämpfen. Nach deiner Lesart fordern DIEM-Aktivisten in der Art von Advokaten im Interesse von passiven Demos-Klienten deren Anspruch ein, wieder zu der Demokratie dazuzugehören. Und dabei werden sie durch einen von DIEM initiierten unwiderstehlichen „demokratischen Aufbruch" („a surge of democracy") unterstützt, wie es das DIEM-Manifest verspricht. Man sollte wohl bei diesem Vorgehen eher auf freundliche Genehmigung des politischen Establishments hoffen.

Diese Meinungsdifferenzen sind Folge von kontroverser Wahrnehmungen des Volkes, des Demos, der Mehrheit.

5.2 Über die "schweigende Mehrheit"

Ich bin überhaupt nicht damit einverstanden, wie du in deinem Volksbühne-Grundsatzreferat die „schweigende Mehrheit" beschrieben hast:

> *„Unsere radikale Botschaft ist sehr einfach und richtet sich … direkt an jene, die jetzt wahrscheinlich den Livestream nicht anschauen. Sie sind nach einem langen Arbeitstag ausgelaugt. Sie sind deprimiert. Sie schauen sich irgendeine Reality-Show im Fernsehen an und versuchen, ihre Ängste zu ertränken und nicht mehr über ihre gescheiterten Beziehungen nachzudenken. Es sind jene, die bezweifeln, dass es Regierende gibt, die überhaupt wissen, was sie tun, jene, die aber nicht wissen, an wen sie sich wenden sollen und die keinerlei Vertrauen in Politik haben. Es sind genau diese, die Mehrheit, die in stiller Verzweiflung leidet, an die wir uns mit einer ganz einfachen, radikalen Botschaft wenden müssen …"* [11]

Eine ganz einfache Botschaft (geeignet für einfaches Volk?) für ausgelaugte, deprimierte, ängstliche, einsame, der Politik überdrüssige, leidende, verzweifelte Leute? Mein Gott, Yanis! Was für eine traurige und bedrückende Masse menschlicher

Wesen! Hast Du vor kurzem einen Roman von Emile Zola über das Proletariat im 19. Jahrhundert gelesen? Oder vielleicht hast Du ja auch diesen alten Beatles-Song „Eleanor Rigby" gehört. Erinnerst Du dich an den Text?

> *Pfarrer McKenzie,*
> *mit Schmutz an der Hand von dem Grab,*
> *wo die Seele erstarb.*
> *Wer wird schon gerettet?*
> *All die einsamen Menschen*
> *das macht doch keinen Sinn,*
> *All die einsamen Menschen*
> *Wo gehören sie bloß hin?[12]*

Die Mehrheit ist keineswegs schweigend! Die Menschen sind ausgesprochen lebendig. Sie wollen ihren Spaß haben, sind lebensbejahend und unverwüstlich, trotz ihrer oft armseligen Lebensumstände und eines stressigen, der Gesundheit abträglichen Arbeitsalltages. Es haben immer zwei Arten von Kultur existiert: Eine ausgefeilte Kultur der oberen Klassen und ein eigenständiges kulturelles Leben der einfachen Leute. In der Geschichte waren beide streng voneinander geschieden. Nimm nur einmal das Zeitalter des Absolutismus. Eine Herrenmenschenkultur war von der normalen Bevölkerung über schöne Künste und Bildung, sowie durch Umgangsformen und Herkunft abgeschottet. Andererseits wussten die gewitzten Unterklassen schon zu leben und vergnügt zu sein (siehe dir nur beispielsweise Gemälde von Pieter Brueghel an). Sie fürchteten die Macht der herrschenden Klasse, deren Kultur jedoch war ihnen völlig fremd und imponierte nicht besonders. Und schließlich war das Maß voll. An einem Tag im Januar 1793 steckten sie die Köpfe von Louis XVI. und seiner Antoinette unter die Guillotine.

Heutzutage liegen die Dinge etwas komplizierter. Es gibt zwar immer noch einer High Society vom Typ Operette. Aber ansonsten haben wir es mit einer kapitalistische Kultur produzierenden Industrie für Massenunterhaltung und Idolisierungen zu tun. Ich meine dieses Hollywood, Oscar- und Hall of Fame-Gewese, nicht zu reden von der vollständig auf Profit ausgerichteten und künstlerische Fähigkeiten ohne Ende verschwendende Welt der Werbung. Die Menschen aber kennen genau den tiefen Graben zu ihrer Alltagswelt. Sie misstrauen allen Vorschriften für angepasstes Benehmen und kümmern sich oft einen Dreck darum. Sie sind weder depressiv noch hilflos. Sie organisieren ihr eigenes Sozialleben durch freiwillige Dienste und unbezahlte Arbeit in so vielen gesellschaftlichen Bereichen. Sie sind aktiv in der Freiwilligen Feuerwehr und organisieren die meisten der Sportvereine. Sie betreiben Nachbarschaftshilfe und arbeiten ehrenhalber in Senioreneinrichtungen und Hospizen, kümmern sich um andere Menschen in Beratungsstellen, engagieren sich in caritativen kirchlichen Einrichtungen oder organisieren Flüchtlingshilfe. Normale Arbeitnehmer/innen sind auf betrieblicher Ebene als gewerkschaftliche Betriebsräte und Vertrauensleute aktiv oder arbeiten bei basisdemokratischen Kampagnen mit oder stellen ihre Freizeit für Naturschutzorganisationen zu Verfügung. Menschen jeden Alters füllen die Kurse der Volkshochschulen. Keiner hält sie je davon ab, das Leben zu genießen, denke nur einmal an die Organisierung und Durchführung des rheinischen Karnevals. Yanis, du solltest irgendwann einmal in das Stadion zu einem Fußballspiel einer der europäischen Top-Ligen gehen und zusammen mit 50.000 Leuten jeden Alters und aus allen Schichten zusammen lachen und weinen, hoffen und bangen, gewinnen oder verlieren. Oder besuche einmal ein Open Air Festival, wenn das junge Volk das Leben genießt, auch wenn Veranstalter ihren Profit dabei machen. Und du kennst wahrscheinlich besser als ich Schulen und Universitäten, voll mit jungen Menschen, die voll Eifer lernen und sich ihren Weg in die Gesellschaft und die Zukunft bahnen. Natürlich müssen sie sich auf eine Karriere in einem kapitalistischen Unternehmen oder einer staatlichen Institution vorbereiten. Aber sie erlangen auch unausweichlich persönliche Fähigkeiten, Stolz und Selbstbewusstsein. Sie lernen individuell und manchmal auch kollektiv, sich zu behaupten und taff zu werden. Die Menschen sind in aller Regel freundlich, hilfsbereit und offenherzig. Lieber Yanis, Ich, denke, du solltest niemals eine Einladung zu einer griechischen oder türkischen Hochzeit ausschlagen, denn da hast Du die beste Gelegenheit, dich daran wieder zu erinnern, wie das Volk so tickt. Oder mache bei einem Straßenfest in einer kleinen italienischen Ortschaft mit, oder schaue Dir eine Prozession durch die Straßen eines spanischen Ortes an, vorneweg eine Monstranz und eine ohrenbetäubende Blaskapelle. Vielleicht findest Du aber auch die Zeit für ein Mittsommernacht-Festival an einem schwedischen See unterhalb einer Burgruine.

Ich habe noch nicht von den Streikaktivitäten überall in Europa gesprochen. Kurz vor Beginn der Fußballweltmeisterschaft drohten umfassende Streiks ganz Frankreich lahmzulegen. Gewerkschaftsaktivisten blockierten Ölraffinerien und Tanklager. Sie unterbrachen die Dienstleistungen von Atomkraftwerken, des öffentlichen Verkehrs, Häfen und Straßen. In der Innenstadt von Paris feuerte die Polizei Tränengas in die Menge. Die Aktiven sprachen von ca. 300.000 Menschen, die am 23. Mai quer über das Land demonstrierten. Bereits am 3. März sollen es 1.2 Millionen gewesen sein. 77 Menschen wurden festgenommen. Die Arbeiter Frankreichs kämpfen gegen ein geplantes Arbeitsgesetz zur Lockerung des Kündigungsschutzes. In Deutschland erlebten wir dieses Jahr schon heftige Streiks der Transportarbeiter, der Krankenhausbelegschaften und des unterbezahlten Personals in den Kindergärten. Belgiens Eisenbahner, der öffentliche Nahverkehr und des Gefängnispersonal weiteten ihre Streiks aus. Ich kann hier gar nicht alle Arbeitskämpfe von 2016 aufzählen.

Die aktiv Streikenden legen oft großen Mut an den Tag. Machen wir uns klar, was ein Streik für einen Familienvater oder eine alleinerziehende Mutter bedeuten kann, wenn ihre Jobs durch mögliche Aussperrmaßnahmen der Unternehmer in Gefahr geraten oder sie bei Konfrontationen mit der Polizei kriminalisiert werden. Die Menschen müssen schon sehr wütend und entschlossen sein, um solche Risiken auf sich zu nehmen.

Die Message ist eindeutig: Die „schweigende Mehrheit", eine dumpfe Bevölkerung à la Yanis Varoufakis gibt es nicht!

5.3 Über unsere Aufgaben

Aus dem Gesagten folgt, dass wir, DIEM, und alle die anderen Bewegungen niemanden irgendwo wieder einsetzen können, - keine schweigende Mehrheit, keine Volk vom Eleanor Rigby-Typ. Wir selbst haben Betroffene in den vorhandenen, kämpfenden Bewegungen der Bevölkerungen und Arbeiter zu sein. Als aktive Teile dieser Unruhen können wir versuchen, politische Orientierung beizusteuern und zu verhindern, dass alle zusammen illusionären Forderungen folgen und den Interessen der Oberen in die Hände spielen. Es ist unsere Aufgabe, auf diese Weise in den sozialen Bewegungen, dem Widerstand der Arbeiter, den studentischen Protesten, dem Schutz der Flüchtlinge, den ethnischen Konflikten, etc. illusionsfreie Perspektiven anzubieten. Zu einer realistischen Perspektive gehört es, genau zwischen Freund und Feind zu unterscheiden, die Methoden und ideologischen Sprüche der Gegner in den Machtpositionen aufzudecken und alles zu tun, um die jeweilige Auseinandersetzung zu einem Erfolg werden zu lassen. Wir sollten diejenigen sein, die in die Tiefe analysieren und das Wesen der Kämpfe klarstellen. Unser Ansehen und Einfluss unter den Leuten wird solange wachsen, wie wir unbestechlich, verlässlich und immun gegen Schmeicheleien und persönliche Eitelkeiten bleiben. Wenn man uns in die Parlamente oder Institutionen delegiert, ist das für uns eine große Ehre und persönliche Verpflichtung, niemals zu vergessen, für wen und warum man diese Aufgabe erfüllt.

Auch wenn natürlich aktive und entschlossene Volksbewegungen inspirierende historische Vorgänge sind, darf man nicht in einen Kult des Volkes verfallen. Man muss immer einkalkulieren, dass den Aktivitäten und dem Widerstandswillen der Leute heutzutage Gefahr von Seiten der Rechtsaußenfraktion des Kapitals drohen. Die größte Bedrohung geht heute von allen möglichen nationalistischen Rattenfängern aus. Dabei handelt es sich nicht nur um neofaschistische Ewiggestrige. Der Konservatismus ist mit dem Nationalismus verheiratet. Sogenannte nationale Befreiungsbewegungen wie im Baskenland oder in Schottland sehen Völker im Kampf gegen andere Völker und ihr Sieg würde das Volk nicht befreien. Für sie alle müssen historische Erfahrungen gründlich ausgewertet und den Leuten bewusst gemacht werden, um daraus realistische, überzeugende und berührende Forderungen abzuleiten. Um es ein wenig pathetisch zu formulieren: Wir müssen den europäischen Völkern helfen, die Barrikaden an der richtigen Stelle zu postieren und versuchen, ihnen die Steine auf ihrem Weg der Integration und Emanzipation aus dem Weg zu räumen.

Diese Aufgabe fordert uns alles ab. Wir finden zu innerer linker Einheit nur durch die gemeinsame, solidarische Aktion und kontinuierliches Diskutieren, Überdenken, Analysieren, Zusammenkommen, Übereinkommen und erneutes Hinterfragen. In diesem Prozess müssen wir uns selbst solidarisch und kritisch überprüfen - wir, das sind vor allem die Praktiker, die Aktiven der vergangenen und der laufenden Bewegungen und Kämpfe. Solidarität auf schwierigem Terrain! Und ein hochgestecktes Ziel! Du kannst mir glauben, dass es mich erhebliche

Mühe und Disziplin kostet, diesen Offenen Brief zu schreiben. Ich kenne es von mir, dass man sich in Diskussionen immer wieder selbst zur Ordnung rufen muss, um ruhig zu bleiben und fair aber bestimmt ohne männliche Allüren zu argumentieren. Auf diesem Gebiet kann man von Dir, Yanis, nur lernen. Ich bitte alle Leser um ein diesbezügliches Feedback, und nicht nur um eine politische Erwiderung.

Ich will aber auch offen gestehen, dass mich diese linken, abgehobenen Theoriedispute rechthaberischer Akademiker grausen, die mir leider nicht nur einmal in meinem politischen Leben untergekommen sind.

1. Sie sind erstens nervtötend, kaum zu verstehen, wichtigtuerisch und deshalb für die normalen Menschen völlig uninteressant.
2. Zweitens dienen sie der Einschüchterung und dem Eindruck Schinden, um sich als Führungsfigur zu qualifizieren oder sogar Personenkult zu befördern.
3. Drittens führt so etwas regelmäßig zu peinlichen Streits zwischen „Fundamentalisten" und „Realisten" („Fundis gegen Realos und anders herum). Die Erfahrung lehrt, dass sich solche Spaltungen scheinbar unausweichlich in Bewegungen einstellen, die in ein Parlament kommen. Wir haben mit Sicherheit die lange Tradition linker Parlamentspräsenz aufzuarbeiten, um nicht frühere Fehler zu wiederholen.

6 Die griechischen Erfahrungen

6.1 Die Politik von Syriza und das OXI-Referendum

Anlässlich des griechischen OXI-Referendums vor einem Jahr hast du melodramatisch geschrieben:

"Die OXI-Abstimmung in Griechenland vor einem Jahr war ein gewaltiges NEIN an die Adresse einer autoritären, austeritären und Troika-kontrollierten EU und ein majestätisches JA zu einem demokratischen Europa."[13]

An andere Stelle hast Du DIEM mit diesem kolossalen Vorgang verknüpft und die „Idee hinter DIEM" auf folgende Weise erklärt:

„Das Ziel ist, den Athener Frühling als ein Sprungbrett für eine neue Koalition von Demokraten zu nutzen mit der Forderung, dass der Demos, die Leute wieder in die Demokratie eingesetzt werden."[14]

Ich habe mich bereits mit dem „wieder einsetzen" deiner Erklärung befasst. Es soll nun um den „Sprungbrett-Teil" gehen.

Lass uns rekapitulieren, was sich im letzten Jahr in Griechenland abspielte. Du hast in vielen Interviews und Reden klargestellt, dass Griechenland weder durch ein Verlassen noch durch das Verbleiben in der EU irgendeine Chance gehabt hat. Der Feind saß in Brüssel, Frankfurt und Berlin und forderte von Griechenland gnadenlos, Schulden durch zusätzliche Schulden zu begleichen, die die Griechen erst recht nicht würden zurückzahlen können. Die Troika intervenierte und kommandierte in dem souveränen Griechenland und erzwang politisches Maßnahmen, die das Land immer tiefer in die Krise trieben. Kaltlächelnd wurden so alle Chancen Griechenlands, sich von der ökonomischen Krise zu erholen und jemals in die Lage zu kommen, die Schulden zurückzuzahlen, zunichte gemacht.

Das griechische Volk stand zwar mit dem Rücken zur Wand, doch vertraute es der linken Tsipras/Varoufakis Regierung, zumindest eine beachtliche Mehrheit der Wahlbevölkerung. Du Yanis, Alexis Tsipras und Syriza (Zusammenschluss der radikalen Linken) initiierten schließlich ein nationales Referendum, um von der Wählerschaft ein „NEIN", einfach ein „OXI" bezüglich der Pläne und Erpressungen der Brüsseler Bürokratie zu erhalten. Sorry, ich habe dieses Ereignis nie verstanden. Auf den ersten Blick scheint dieses Vorgehen radikal und äußerst demokratisch zu sein. Aber auf dem zweiten wird deutlich, dass ihr die Menschen nicht einen Millimeter von der Wand abrücken konntet – im Gegenteil, die Wand wurde sogar noch dicker. In meinen Augen war dieses Referendum nur ein defensiver, verzweifelter Schachzug. Es tut mir leid, aber die ganze Geschichte erinnert mich an ein ungezogenes Kind, das einen Wutanfall bekommt und schreit: „NEIN! NEIN! Ich will nicht!" Die strengen Eltern insistieren: „Du musst! Keine Chance!" und das Kind muss nachgeben und gehorchen.

Ernsthaft, Yanis, diese Volksabstimmung war schon ein *„gewaltiges Ereignis"*, aber eher, um dem griechischen Volk seine vollkommene Hilflosigkeit und die absolute Machtlosigkeit seiner Regierung zu demonstrieren. Ministerpräsident Alexis Tsipras musste kapitulieren und irgendwie allein mit der gemeinsam durchgezogenen gescheiterten Politik klarkommen, denn sein Finanzminister und Professor der Ökonomie verließ das ökonomischen Schlachtfeld, die Regierung und seine griechischen Wähler. Und dieser bedrückende Untergang soll nun als ein inspirierendes Sprungbrett für einen breiten DIEM25-Zusammenschluss der Demokraten Europas dienen? Das ist bizarr! Sicherlich ist es für jeden Außenstehenden schwierig,

sich in deine dramatische Situation im letzten Sommer hinein-
zuversetzen. Dennoch, Fakten sind Fakten.

6.2   Ein "unbescheidener Vorschlag" für offensive Politik

Wenn man eine solche äußerst kritische Bewertung abgibt,
sollte man in der Lage sein, eine alternative Politik zu benennen, eine radikale und doch umsetzbare, einen aussichtsreiche
und offensive Politik. Ich möchte versuchen, einen solchen
Weg, wie ich ihn sehe, zu skizzieren.

1. So lange Geld existiert hat, wurde es verliehen. Und niemand hat jemals in Zweifel gezogen, dass es entsprechend der
getroffenen Vereinbarungen zurückzuzahlen ist. Wenn Schuldner dem nicht nachkamen, landeten sie entweder im Schuld-
turm, oder das Geld wurde von ihrem Besitz eingezogen, oder
sie hatten als Schuldsklaven die geschuldete Summe abzuar-
beiten. Die Geschichte kennt allerdings auch Fälle, dass Rück-
zahlungen nicht erfolgten. Es kam vor, dass allmächtige Könige
und Kaiser ihre Schulden leugneten und ausleihende Banken in
den Bankrott trieben - was den Herrschern allerdings völlig
egal war.

Für Jeden ist es selbstverständlich, Immobiliendarlehen abzu-
zahlen. Das gilt für Staatsanleihen nicht minder. Dabei spielt es
keine Rolle, wer die Gläubiger sind: Privatbanken, oder/und
europäische Institutionen und Regierungen von EU-
Mitgliedsstaaten, die für Geldanlagen mit den Steuergeldern
des Staates bürgen. Die entscheidende Frage ist: Wer sind die
Schuldner? Sind das nicht die griechischen Bürger und ihr Nationalstaat? Diese offizielle Lesart führt auf direktem Wege zu
Austeritätspolitik. Man kann dann nur noch um Gnade bitten,
um ein Umschuldungsprogramm betteln, um einen Schulden-
schnitt, oder eben einfach „NEIN" sagen, um anschließend
doch zur Kasse gebeten zu werden.

2. Das griechische Volk ist n i c h t der Schuldner! Ihm ist in die Rolle des Schuldners mit Hilfe von historischen Lebenslügen des Kapitalismus aufgezwungen worden. Wie wir gesehen haben, gibt es im Kapitalismus keine Demokratie. Die Nationalstaaten gehören n i c h t den Völkern. Sie sind in Wahrheit Werkzeuge oligarchischer Oberschichten zur Absicherung ihrer eigener Welt. Das ist in Griechenland nicht anders als überall, wo Kapitalismus herrscht. Die wirklichen Schuldner sind jene, die faule Staatsanleihen auflegen, die die Mittel unproduktiv verwenden und für private Unternehmen umleiten, die die Überschüsse durch Steuerhinterziehung veruntreuen und am Ende das griechische Volk beschuldigen, über seine Verhältnisse zu leben.

3. Deshalb muss sich nach meinem Verständnis die Politik einer griechischen Volksregierung auf inländische Verhältnisse konzentrieren, wobei es um die folgenden zentralen Punkte gehen müsste:

a. Das System der staatlichen Korruption und die Netzwerke der Oligarchie muss gründlich durchleuchtet werden.

b. Die Namen, Vergehen, internationalen Verflechtungen und finanziellen Aktivitäten der griechischen Hauptanleiheveruntreuer müssen öffentlich und europaweit bekannt gemacht werden.

c. Man muss diese zwingen, das Schuldengeld aus ihrem Privatbesitz zurückzuzahlen und unterschlagene Mittel an die Gläubiger zurückzuzahlen.

d. Sie müssen daran gehindert werden, ihre griechischen Unternehmen umzuorganisieren, zu veräußern und Arbeitsplätze zu zerstören, um notwendige Gelder für die Schuldenrückzahlung aufzubringen.

e. Steuerhinterziehungen großen Stils, vor allem der oligarchischen Kreise, in Verbindung mit der Schuldenrückzahlung müssen systematisch strafrechtlich verfolgt werden. Darüber hinaus muss wohl das Problem von Steuerhinterziehung nicht nur in Griechenland generell angepackt werden.

4. Die griechischen Oligarchen haben aller Wahrscheinlichkeit nach großen Summen nicht versteuerten Kapitals außer Landes geschafft, wo es sich nun auf geheimen Auslandskonten befinden dürfte. Vermögenswerte sind mit Sicherheit auch zu europäischen Finanzzentren transferiert und dort in Finanzgeschäften investiert worden. Die griechische Regierung sollte offiziell und in aller Öffentlichkeit die europäischen Regierungen um Amtshilfe ersuchen und darum bitten, solche griechischen Konten zu blockieren und die Vermögenswerte rückführen zu helfen, um sie mit den Staatsschulden zu verrechnen.

5. Das gilt ebenfalls für die Troika aus Europäischer Kommission (EK), die Europäischer Zentralbank (EZB) und Internationalem Währungsfonds (IWF). Da sie so sehr darauf bedacht ist, sich in Griechenlands innere Verhältnisse einzumischen, könnte jeder ein griechisches Ersuchen um Hilfe gegen die Oligarchen, die Veruntreuer internationaler Anleihewerte und Steuerhinterzieher großen Stils nachvollziehen. EK, EZB und IWF würden in der Klemme sitzen, sich entweder für eine ordentliche und gerechte Schuldenrückzahlung einzusetzen, oder aber zugeben zu müssen, dass es ihnen eigentlich um den Schutz ihrer griechischen Systemkollegen vor linker Schädigung auf Kosten des griechischen Volkes geht.

6. Man sollte auch über die Forderung nach einem Internationalen Strafgerichtshof für Finanzkriminalität, über ein Tribunal zur Verfolgung internationaler Wirtschaftskriminalität nachdenken.

7. Eine solche Politik würde nicht vor allem auf das zielen, was du, Yanis, im Januar 2015 ziemlich großspurig verkündet hast, nämlich *„das System der griechischen Oligarchie zu zerstören"*.[15] Sie würde nicht „die Reichen" abschaffen wollen und wäre keine proletarische Revolution zwecks Abschaffung des Kapitalismus. Es würde sich lediglich um den Weg des griechischen Volkes handeln, sich aus der unverschuldeten Schuldenfalle auf eine nicht-austeritäre Weise zu befreien. Das griechische Volk würde unter Führung ihrer Regierung den internationalen Kreisen der Finanzgläubiger dabei helfen, ihr Kapital zurückzubekommen – und zwar auf eine Weise, die ihnen nicht im Traum eingefallen wäre.

8. Eine solche Politik missachtet allerdings die grundlegendsten Systemvoraussetzungen der herrschenden ökonomischen Welt. Sie bricht mit der „WIR"-Lüge der bürgerlichen Ideologie von den Nationen und setzt sich über die bedingungslose Verfügungsmacht, die von Privateigentum ausgeht, hinweg. Mit Sicherheit würde es die griechische Regierung mit der aufgebrachtesten und feindseligen Opposition der international einflussreichen griechischen Oligarchie zu tun bekommen. Man muss schon sehr naiv sein, um für diesen Fall die Gefahr eines weiteren griechischen Militärputsches zu übersehen. Eine griechische Volksregierung muss deshalb schon frühzeitig gut auf solche Art Bedrohung vorbereitet sein. Durch eine grundlegende demokratische Reform der Streitkräfte und der Polizei muss sie sicherstellen, dass beide in jeder prekären Situation zu ihrem Volk halten.

7 Den Kapitalismus in Europa reparieren?

7.1 „Europäischen Kapitalismus vor sich selbst retten"?

Yanis, du propagierst ununterbrochen als dein zentrales politisches und ökonomisches Ziel, „europäischen Kapitalismus vor sich selbst zu retten".[16] 2013 machtest Du dich stark für Vorschläge, *„die Wege zur Rettung des Kapitalismus aufzeigen, nicht jedoch Methoden zur Abschaffung des Kapitalismus anbieten."*[17] Die imposanteste Stellungnahme zu deinem strategischen Ziel hast du dann in einer Diskussion im Februar diesen Jahres abgegeben:

> *„Wollt ihr wissen, was mein Bestreben ist? Den europä-*
> *ischen Kapitalismus zu stabilisieren! Denn diese kon-*
> *stante Abwärtsspirale ist schrecklich für die Linke. Sie*
> *ist schrecklich, will man die Menschen wo auch immer,*
> *aufwecken. Sie ist ein vollkommenes Geschenk für die*
> *Ultranationalisten, die Eiferer, die Menschenverächter,*
> *die Rassisten. Last uns das tun, ihn stabilisieren. Und*
> *dann, dann können wir wieder mit dem Klassenkrieg*
> *anfangen, dem Klassenkonflikt, diesem links vs. rechts*
> *Ding."[18]*

Den Kapitalismus zu stabilisieren, ihn vor sich selbst zu retten, zu kontrollieren und zu regulieren ist weder ein bahnbrechendes, noch prickelndes Programm. Es fing schon im 19. Jahrhundert mit einer deutsch-österreichischen, nationalökonomischen Schule, den sogenannten „Kathedersozialisten" an, fand seine Fortsetzung mit John Maynard Keynes, dem amerikanischen New Deal und dem System der sozialen Marktwirtschaft. Der Kapitalismus wurde immer krankenpflegerisch von mehr oder weniger linken Ökonomen begleitet. Sie versuchten, die unmenschlichen und unsozialen Begleiterscheinungen des kapitalistischen Systems zu lindern und ihn vor dem Zusammenbruch zu bewahren. Sie präsentierten ökonomische Wundermittel, um den Kapitalismus „vor sich selbst zu retten." In der Politik von Zuckerbrot und Peitsche gegenüber der Arbeiterklasse verkörperten sie die Zuckerbrot-Methoden, um die Massen zu besänftigen. In Krisenzeiten wurden sie gebraucht, um die Massenbewegungen von radikalen und revolutionären Forderungen abzulenken und sie innerhalb der Spielregeln des Systems zu halten. Sie waren in der Regel wohlmeinende, ehrenwerte Akademiker, die sich nicht über die soziale Rolle, die sie spielten, im Klaren waren. Ich befürchte, dass ich gerade die politökonomische Tradition beschrieben habe, in die ich dich leider einzuordnen habe, auch wenn ich das nicht möchte.

Yanis, Ich halte es für unter deiner Würde, auf eine so flapsige Weise über Klassenkampf zu reden. Niemand kann Klassenkampf beginnen oder beenden, er ist einfach immer da. Die arbeitenden Bevölkerungen weltweit und die unterentwickelten Gegenden auf diesem Globus sind ununterbrochen den heftigsten Angriffen ausgesetzt. Und gilt das nicht auch genau jetzt z.b. für Griechenland oder Italien oder Spanien gleichermaßen? Du planst, das europäische System der kapitalistischen Bosse zu stabilisieren, ohne sie mit Klassenkampf in der Zeit zu belästigen, in der es das System zu reparieren gilt. Wenn die dann wieder, dank deiner Beratung, aus dem Schneider sind, dann empfiehlst du, den Klassenkonflikt wiederzubeleben. Diesen Unsinn kannst du doch unmöglich im Sinn haben und dich gleichzeitig als Linker fühlen, oder? Du erwähnst das „links gegen rechts Ding". Wenn du dabei an Fraktionskämpfe innerhalb der Bewegungen denkst, so kann ich dich beruhigen. Diese haben meist weniger mit dem „Klassenkonflikt" als vielmehr mit kleinbürgerlichwichtigtuerischem Gezänk zu tun.

Kann man den Kapitalismus überhaupt stabilisieren? Er kann nach einer Krise neu ausgerichtet werden, bzw. die Kriseneffekte schaffen schon von sich aus neue Verhältnisse. Er ließ sich zwischenzeitlich als Konsequenz der Weltkriege und in der Folge der großen Wirtschaftskrise 1929 stabilisierten. Heutzutage sind die Krisen ein Ergebnis des allgegenwärtigen, mitleidlosen Konkurrenzkampfs der stärksten Ökonomien (G7 bis G20). Diese hängen einerseits auf Gedeih und Verderb global voneinander ab. Andererseits kämpfen sie in ihren jeweiligen Interessenssphären und hierarchischen Wirtschaftsblöcken, angeführt von international operierenden Banken und Kartellen, gegeneinander. Aus der weltweiten Finanz- und Wirtschaftskrise der Jahre 2007-09 kam die Weltwirtschaft nur ungleichmäßig wieder auf die Füße. Der Prozess der allgemeinen wirtschaftlichen Erholung ist von neuen Ungleichgewichten gekennzeichnet. Krisen produzieren Gewinner und Verlierer. Wenn es gelingt, eine Ökonomie oder einen der globalen ökonomischen Blöcke zu stabilisieren, geht das zwangsläufig auf Kosten anderer Elemente der Weltwirtschaft. Du kannst nicht zu einer europäischen Insel der Stabilität in dem Meer eines ökonomischen Weltkrieges (ÖkWk) werden.

Dein Umgang mit der Krise des Kapitalismus in Europa ist deshalb mit einem methodischen Fehler behaftet. Europa ist unlöslich mit den Systemen der Weltfinanzen und der Weltwirtschaft verwoben. Es ist Teil weltweiter Konkurrenz mit den USA und deren mittel- und südamerikanischem Hinterhof, mit der asiatischen Wirtschaftswelt und den übriggebliebenen Wirtschaften der Zweiten Welt. Von Anfang an ist die EU als ein machtvoller eigener Block in den ökonomischen Wettrennen quer über den Globus konzipiert worden. Kurz gesagt, man kann Europa nur als einen aktiven Bestandteil der Weltökonomie begreifen. Bankenkrise, Schuldenkrise, Investitionskrise und soziale Krise sind wahrlich keine Spezialität Europas, sondern bedrohen alle Völker der Welt in unterschiedlichen Ausmaßen und Erscheinungsformen.

Es ist unsere Aufgabe, für internationale, Kontinente übergreifende Solidarität der Völker gegen den Krisenterror des globalen finanzkapitalistischen Wahnsinns einzustehen. Die egoistische Politik der Nationalstaaten, mit der sie die Völker Europas gegeneinander und gegen die anderen Völker der Welt aufbringen, kann nicht aus der Sichtweise eines abgeschotteten, europäischen Ganzen aus beurteilt werden. Ich dachte immer, dass du derjenige bist, der uns das lehrt, Yanis, z.B. in dem *„Minotaurus"*-Buch. In deinem *„Bescheidenen Vorschlag zur Lösung der Eurokrise"*[19], der maßgeblich in die Zielvorstellungen von DIEM25 eingegangen ist, finde ich jedoch von diesen Gesichtspunkten kaum etwas. Lass uns noch einmal die alte Wahrheit in Erinnerung rufen: *„Ihr seid Brüder und ihr habt nur einen Feind: das Privatkapital – sei es nun preußisch, englisch, französisch oder chinesisch."*[20]

7.2 "Bescheidener Vorschlag": Beratung des EU-Establishments

Du sparst die internationalen Zusammenhänge der europäischen Staatenwelt aus und nimmst in Anspruch, von „der Natur der Eurozonenkrise" auszugehen. Du bestehst darauf, dass *„Europa als Ganzes abgeschottet werden müsse"*,[21] - als Voraussetzung für die Stabilisierung des europäischen Kapitalismus. Du hast also deinen „Bescheidenen Vorschlag zur Lösung der Eurokrise" mit europäischen Scheuklappen entwickelt.

Für ein solches abgeschottetes Europa benennst du als Sachverständiger vier Vorgehensweisen, die auf die vier Hauptkrisen (Bankenkrise, Schuldenkrise, Investitionskrise, soziale Krise) abgestimmt sind, wobei es allerdings niemanden gelingen dürfte, sie den einfachen Leuten auseinanderzusetzen, geschweige denn, diese dafür zu begeistern. Du befürwortest die zentralen EU-Institutionen und verteidigst die Nationalstaaten in ihrer vollen Souveränität. Nach deinem Verständnis entwickelte sich die europäische Krise angeblich auf Grund der Inkompetenz der europäischen Politiker, die am Ruder sind, oder, wie es das DIEM-Manifest beschreibt, durch *„eine Verschwörung kurzsichtiger Politiker, ökonomisch naiver Beamter und in Finanzdingen inkompetenter „Experten""*. Es besteht kein Zweifel, dass der "Bescheidene Vorschlag" entwickelt wurde, um diesen Leuten den rechten Weg aus der Eurozonenkrise aufzuzeigen. Yanis, du bist der obersten Pflicht eines Professors der Wirtschaftswissenschaften nachgekommen, nämlich die politische Klasse und ihre Institutionen zu beraten, wofür man ihn bezahlt und mitunter sogar mit einem Nobelpreis ehrt! Deine Beratung bezieht sich darauf, wie der europäische Kapitalismus zu stabilisieren und wie er vor sich selbst zu retten sei. Und in der Tat, du bietest ein magisches politisches Rezept von pfiffiger Einfachheit an:

„Unser bescheidener Vorschlag enthält Strategien für alle Elemente der Krise, plädiert aber nicht für neue Institutionen. Insofern ist er aus politischer und institutioneller Sicht ein minimalistisches Projekt. Er erfordert keine neuen Verträge, keine neuen Stabilität- und Wachstumspakete, keine neuen Troikas oder Fiskalpakete. Er verlangt auch keine föderalen Lösungen, für die Europa heute, mitten in der Krise, noch nicht bereits ist. In diesem Sinne zielt unser Vorschlag zwar auf die Überwindung der Eurokrise ab, aber er ist trotzdem bescheiden und sofort umsetzbar."[22]

Mir kommen die Tränen. Das, wofür du dich hier stark machst, kann nicht einmal als links und emanzipatorisch gelten. Es kommt einem gewöhnlichen, sozialdemokratischen, systemstabilisierenden Reformprogramm nahe, wie wir sie in den vergangenen Dekaden immer wieder miterleben mussten. Die politische Klasse Europas sollte eigentlich für einen solchen professionellen Vorschlag dankbar sein, nutzte aber die Chance nicht. Was aber kann man als akademischer Berater unternehmen, um politische Strategien durchzusetzen? Nichts! Man braucht Entscheidungsmacht und Machbefugnis auf höchster Ebene. Im Jahr 2015 hattest du ein hohes Amt inne, als du auf EU-Ebene als griechischer Finanzminister Verhandlungen führtest. Aber als Vertreter eines abhängigen, zinstributpflichtigen, bankrotten Staates erfuhrst du, was politische Impotenz ist. Will man also die EU-Politik in Richtung des „Bescheidenen Vorschlags" beeinflussen, muss man entsprechend der dargelegten Logik danach streben, wirkliche Machtpositionen in der EU-Administration von Brüssel zu erringen. Aber da stellt sich natürlich für einen Wirtschaftsberater und gescheiterten Finanzminister das ungelöste Problem, wie man an diese Entscheidungsmacht gelangen kann.

7.3 Yanis Varoufakis: Für kapitalistische Demokratie

An dieser Stelle kommt DIEM25 ins Spiel, obwohl zunächst die „Bewegung für Demokratie in Europa" nicht den Eindruck machte, als ginge es um die Umsetzung der „bescheidenen ökonomischen Vorschläge", bei denen es ihrerseits nicht vorrangig um die Demokratisierung Europas geht. DIEM25 zielt auf eine Demokratisierung Europas ohne eine konkrete Vorstellung, wie sich das politisch gestalten soll. Daher bieten wir nichts weiter an als eine Handvoll vager, abstrakter Slogans:

- Eine einfache, radikale Idee: Europa demokratisieren!
- Für eine Herrschaft der Völker Europas!
- Für eine Regierung durch den Demos!
- Für einen demokratischen Aufbruch!

Ich habe in den Dokumenten und Reden nachgeforscht. Keine Konkretisierungen, keine Problematisierung der wesentlichsten Voraussetzung für jegliche Herrschaft, Regierung und Demokratisierung: Macht, politische Macht! In der langen Geschichte der Zivilisation im Rahmen von Staaten war es immer die politische und militärische Macht, welche den Staat und seine soziale Erscheinungsform ausgemachten. Der Aspekt der Macht fehlt im DIEM-Manifest. Slogans werden nichtssagend, wenn sie nicht überzeugend und konkret an den Erfahrungen der Menschen anknüpfen.

Wie also soll man die EU-Verwaltungen erobern, um den „Bescheidenen Vorschlag" umzusetzen? Durch einen „demokratischen Aufbruch"? Für die meisten von uns blieb das eine offene Frage. Wenn DIEM25 basisdemokratisch über die verschiedenen Kampagnen diskutierte, ging es mit Sicherheit nirgendwo um eine Stabilisierung des europäischen Kapitalismus – bis dann das Papier zu den „Organisationsprinzipien" erschien, in dem im Abschnitt 7 („Legal Financial Structure (International Association)")[23] die Katze aus dem Sack gelassen wurde! DIEM soll zwei Identitäten bekommen – eine interne und eine externe. DIEM25 wurde *„als eine Internationale Organisation in Brüssel unter belgischem und EU-Recht eingerichtet."* DIEM25 ist nun doppelt aufgestellt: a. gemäß seinen internen Organisationsgrundlagen und Strukturen; b. nach außen als NPO (non-profit organisation) mit eigener Satzung und eigenen Organen nach belgischem Recht. Zwischen beiden Organisationsformen bestehen natürlich Differenzen. In einer „Einverständniserklärung" sollen nun Amtsinhaber ihrer doppelten Identität huldigen.

7.4 Über die zwei Identitäten von DIEM25

Nichts und niemand kann zwei Identitäten haben, es sei denn er/sie/es leidet unter einer gespaltenen Persönlichkeit. DIEM jedoch soll in zwei Strukturen gespalten werden, in die legale, nach außen vorherrschende gemäß offiziellem Statut und in eine völlig getrennte interne gemäß Organisationsprinzipien, -

zwei in eins, eine wirklich seltsame Konstruktion für eine basisdemokratische Bewegung, wenn sie denn eine ist. Die Öffentlichkeit, d. h. die Presse, die anderen Parteien, die Gerichte, usw. werden sich natürlich an die offizielle belgische DIEM-Gesellschaft mit ihrem Vorstand und dem Generalsekretär halten. Sie wird man hypen oder niedermachen, kontrollieren, überwachen und ggf. als Verantwortliche für DIEM verklagen. Sie und nicht irgendeine interne Struktur werden in der Öffentlichkeit DIEM sein. Zur Abgrenzung zwischen den Identitäten legen die DIEM25-Organisationsgrundlagen blauäugig fest:

„Gremien und Führungskräfte, deren Einsetzung durch die Rechtsform gefordert sind, werden keine Macht über die politische Arbeit von DIEM25 haben, sondern ausschließlich für die Berichterstattung gegenüber den belgischen Rechtsinstanzen verantwortlich sein sowie, in einer Weise, die mit dem belgischen Recht in Übereinstimmung steht, für die Entscheidungen der DIEM25 Gremien, welche in den Organisationsgrundlagen definiert werden."[24]

Welch ein Eiertanz![25] DIEM hat konsequente paneuropäische Politik mit und für die Völker gegen EU-Strategien zu betreiben, die von finanzkapitalistischen Interessen und nationalistischen Regierungen der Mitgliedsstaaten diktiert werden. Es wird dabei höchstwahrscheinlich zu politischen und juristischen Showdowns kommen. Wie wird dann der zuständige DIEM-Generalsekretär den belgischen Behörden, den Regierungen, vor Gericht oder in den öffentlichen Medien antworten? Etwa so? „Als Generalsekretär dieser Organisation habe ich keinen Zugriff auf die politische Arbeit von DIEM25. Ich fungiere nur als legale Galionsfigur"? Niemand würde ihm eine solche oder ähnliche Verlautbarung abkaufen. DIEM25 würde sich lächerlich machen. Mit Sicherheit wird man DIEM des

Betrugs und des Missbrauchs von belgischem Recht bezichtigen.

Warum wird dieser Zirkus veranstaltet?

> *„DIEM25 benötigt eine sichere rechtliche Stellung in der gesamten EU. Dies ist nicht allein entscheidend zur Vermeidung rechtlicher Komplikationen, sondern auch, um sicherzustellen, dass die Beschaffung und Verwendung unserer Mittel vollständig transparent und sowohl politisch als auch rechtlich über alle Kritik erhaben ist",*

heißt es in den Organisationsgrundlagen. Deshalb also braucht man den belgischen Staat? Das ist der erste und einzige Fall der Weltgeschichte, dass eine radikale, basisdemokratische Bewegung für die Kontrolle und Transparenz ihrer Finanzmittel die staatliche Verwaltung ihrer Kontrahenten benötigt. Ich bin zwar kein juristischer Experte, aber es wird sicherlich andere Möglichkeiten geben, um einen verlässlichen und transparenten Umgang mit den eigenen Finanzen sicherzustellen und dabei so wenig wie möglich der gegnerischen Seite zu enthüllen. Und ich sage das als Deutscher, über die sich einst Lenin lustig gemacht hat, sie würden sich eine Bahnsteigkarte kaufen, bevor sie den Bahnhof stürmten.

Welchen Sinn ergeben also die zwei DIEMs? Wofür brauchen wir eine legal konstituierte Gesellschaft belgischen Rechts wirklich, die - genau betrachtet - nicht anderes darstellt als eine politische Partei o h n e gesellschaftliche Bewegung?

An dieser Stelle kommt der "Bescheidenen Vorschlag" ins Spiel. Ursprünglich, d.h. bei der Gründung von DIEM25 im Februar 2016, hieß es noch, die „Vorschlag"-Themen seinen mittelfristig zu klären nach

> *„sehr langer und ernsthafter Beratung unter Europäern, die in dieser Beratung zu uns stoßen möchten. Wir*

werden detaillierte politische Vorschläge für eine Eu-
ropäisierung, und daher Stabilisierung der Krise um
die Schulden, die Banken und die extrem geringen In-
vestitionen vorlegen."[26]

Yanis, von Beginn an war das politische Ziel des „Demokratisieren wir Europa!" offenbar als Instrument zum „Stabilisieren wir
den Kapitalismus!" gedacht. Du kannst eigentlich nie die Notwendigkeit für eine „sehr lange und ernsthafte Beratung"
gesehen haben. Die voll ausgearbeitete und umfassende Version 4.0 des „Bescheidenen Vorschlags zur Lösung der Eurokrise" wurde von dir, Holland und Galbraith bereits im Juli 2013
veröffentlicht. Die belgisch-rechtlichen Statuten ordnen den
„Bescheidenen Vorschlag" nun auch nicht mehr unter „Ziele"
(Art. 4) ein, sondern offen unter „Prioritäten" (Art. 5), d.h. über
seine Bedeutung ist längst entschieden worden. Darum also
geht es im Kern:

„Bestehende EU Institutionen und Verträge benutzen,
um gerechte und europäische Lösungen der Krisen wie
Staatsverschuldung, Banken, unangemessene Investi-
tionen und steigende Armut zu finden."[27]

Wir haben also erfahren, dass es zur Lösung der Krise nichts zu
verändern gibt: keine neuen Institutionen, kein Umbau der
Eurozone, keine neuen Vorschriften oder Fiskalpakte, keine
Troikas.[28] Und wir haben gelernt, dass eine Neuausrichtung
des Kurses der Brüsseler Bürokratie nur von innen heraus möglich ist. Vor diesem Hintergrund erklärt sich nun die Gründung
einer legalen DIEM-Identität. Eine von international berühmten Persönlichkeiten unterstützte, seriöse, öffentliche DIEM-
Organisation eignet sich sicherlich hervorragend zur Bildung
von Koalitionen, zum Gewinnen von Wahlen, und um politische Ziele innerhalb der unangetasteten Strukturen der EU in
Brüssels and Frankfurt anzustreben.

Die politischen To-dos, die in den rechtlichen Statuten benannt werden, bleiben vage: *„Transparenz bringen ..."*, *„dem Willen unterwerfen ..."*, *„demontieren"*, *„die Regeln re-politisieren".*[29] Der normale politische Aktivist fragt automatisch: wie, wie, wie, wie? Entsprechend meiner politischen Kenntnis kann ich selbst die Frage nach den „WIEs" so beantworten: Die geschichtliche Erfahrung lehrt uns, dass man so eine rechtlich-offizielle Organisation nur für einen bestimmten politischen Weg benötigt: Für einen LAMADI.

8 Änderung der EU-Politik und Volksregierungen

8.1 Für den" Bescheidenen Vorschlag" auf einen LAMADI

Yanis, mit dem LAMADI wirst du dich tatsächlich innerhalb der offiziellen Spielregeln des EU-Regimes und seiner Verwaltung, die du herauszufordern beabsichtigst, bewegen können. In Anbetracht der Tatsache, dass für dich Leute eine dumpfe, schweigende und passive Mehrheit sind, wirst du auch ohne sie Politik planen und umsetzen müssen. Du wirst unvermeidlich zu einem „**La**ngen **Ma**rsch **d**urch die Institutionen" (LAMADI) aufbrechen. Dabei steigt man Stufe für Stufe die Leiter zu den Machtzentren hinauf, indem man Koalitionen bildet, Wahlen und Abstimmungen gewinnt, sich in den Strukturen wichtigmacht und auf jeden Fall honorig bleibt. Je höher man steigt, desto mehr wird man sich von seinen Wurzeln entfernen. Zum Ende der Studentenbewegung in den frühen 1970ern begaben sich eine Reihe Studentenführer auf den LAMADI.[30] Ihr Marsch endete regelmäßig im linken, sozialdemokratischen Establishment als Universitätsprofessoren. Ein anderes Beispiel für einen LAMADI liefert die Partei „Die Grünen" in Deutschland: von einer radikal grünen und anti-

Atomkraft-Bewegung zu einer etablierten, staatstragenden Partei, die sogar Minister und einen Ministerpräsidenten der Bundesrepublik Deutschland stellt. Von allen Bewegungen/Parteien in Europa ist Syriza und ihre Regierung in Griechenland so weit wie möglich im Rahmen des herrschenden Systems vorgedrungen. Wäre die griechische Bevölkerung konsequent (siehe Abschn. 6.2) gegen das griechische oligarchische Finanzsystem und dessen Staatsschulden mobilisiert worden, „hätte das Imperium mit Sicherheit zurückgeschlagen". Die europäischen plutokratischen und pseudo-demokratischen Mitgliedsstaaten hätten wohl einen Staatsstreich in Griechenland mitgetragen. Es gibt historische Beispiele für feindselige Reaktionen gegen Volksregierungen, die die Toleranzgrenzen herrschender kapitalistischer Klassen überschritten hatten, etwa die Spanische Republik in den 1930ern, das anti-oligarchische, befreite Kuba oder auch die Regierung der Sozialistischen Partei Chiles unter Salvator Allende, gar nicht zu reden von Vietnam, der tschechoslowakischen Reformbewegung 1968, und, und , und. Ein LAMADI führt schwerlich zu einer Volksregierung, sondern endet staatstragend als linkes Feigenblatt.

8.2 Über "die bedeutendste Demokratie in Europa"

Ich wollte mich nicht mit Demokratie-Parolen abspeisen lassen und machte mich daran herauszufinden, wie denn für dich, Yanis, Demokratie aussieht. Wenn ich dich richtig verstanden habe, ist die EU *„keine Demokratie. In ihr werden Entscheidungen von Leuten gefällt, von denen man noch nie gehört und die keiner von uns gewählt hat."*[31] Zugleich aber hast du Deutschland als *„die bedeutendste Demokratie in Europa"*[32] bezeichnet. Denkst du etwa, die Deutschen hätten eine „bedeutende Demokratie", weil sie die Namen und Parteien der gewählten und ernannten Entscheidungsträger erfahren?[33] Unterstellst du Volksherrschaft in Deutschland? Wäre Europa bzgl. Demokratie gut beraten, wenn es das bedeutende Modell Deutschland übernähme? Nehmen wir einmal an, die Brüsseler Spitzenpolitiker und die Zentralbanker in Frankfurt, die Kommissionsmitglieder, die Eurozonengruppe, die Troika, usw. wären alle ohne Ausnahme gewählte, der Öffentlichkeit bekannte Vertreter. Würden sie sich dann endlich um die wirklichen Nöte und Interessen der europäischen Völker kümmern? Wie steht die Sache mit deinem Gegenspieler Schäuble? Er i s t ein gewählter und ernannter Repräsentant der „bedeutendsten Demokratie in Europa". Wie ist es möglich, dass du selbst und das griechische Volk von solchen gewählten Demokraten so gnadenlos fertig gemacht worden seid?

Du hast ein Buch über die Integration Europas in den letzten 75 Jahren geschrieben. Du hast die europäischen politischen Führer beschrieben (de Gaulle, Thatcher, Kohl, Schröder, und wie immer sie hießen), wie sie ihre nationalen politischen Ziele gegenüber Europa im Dienste der finanzkapitalistischen Elite ihres jeweiligen Landes verfolgten. Dabei zogen sie sich gewöhnlich gegenseitig über den Tisch. Jeder einzelne von ihnen war eine demokratisch gewählte Person! Irgendetwas an deinem Verständnis von und deiner Rede über Demokratie scheint grundsätzlich nicht zu stimmen.

8.3 ... und über wirkliche Volksregierungen

Demokratie oder Herrschaft des Volkes sind kein Selbstzweck. Nur eine Volksregierung kann das Rückgrat und die Entschlossenheit aufbringen, die brennenden Fragen des einfachen Mannes konsequent anzugehen. Sie wird ihr Amt im Auftrag und Interesse der unterprivilegierten, abhängig Beschäftigten und Widerstand leistenden Volksbewegungen antreten. Eine solche Regierung wird nicht davor zurückschrecken, die besitzende und mächtige Minderheit nachhaltig in die Schranken zu weisen. Genau das wäre eigentliche Demokratie in dem Sinne, dass die gewaltige Mehrheit des Unterklassendemos über die kleine Gruppe der Oberklasse regiert.

Natürlich kann eine solche demokratische Sachlage unmöglich lange halten, denn Kapitalismus und wirkliche Demokratie werden niemals zusammenpassen. Kapital beherrscht die Welt. Es kann nicht anders existieren und es ist für keine Gesellschaft möglich, sich per Wahlen aus seinem Griff zu befreien. Wie Geschichte beweist, wird eine wirklich demokratische Regierung unverzüglich gewaltsam angefeindet. Vom ersten Tag an muss eine Volksregierung sich um die Loyalität der Polizei und der bewaffneten Kräfte kümmern und eventuell die bestehenden Geheimdienste auflösen. Die Geschichte lehrt uns auch, dass eine Volksregierung und die sie unterstützenden gewerkschaftlichen und basisdemokratischen Bewegungen besser eigne bewaffnete Einheiten aufstellen. Das inländische kapitalistische Establishment und seine ausländischen Komplizen haben gegen eine konsequente Volksherrschaft auf friedlichem, politischem Weg kaum eine Chance und müssen deshalb versuchen, dem Land einen Bürgerkrieg aufzuzwingen, den man entweder durch Abschreckung möglichst verhindert oder den man mit Hilfe einer weltweiten Allianz mit Volksbefreiungsbewegungen anderer Länder wohl auskämpfen muss. Ich denke dabei sowohl an den Spanischen Bürgerkrieg 1936 und an die weltweite Revolte gegen den US-Krieg in Vietnam in den 1960ern, um dem zäh und selbstlos kämpfenden vietnamesischen Volk zu helfen, seinen Volkskrieg zu gewinnen.

Der LAMADI wird niemals zu einer echten Volksregierung führen. Um parlamentarischen und administrativen Druck aufzubauen, benötigen die LAMADI-Bergsteiger und ihre Vorkämpfer noch ihre Basisbewegung als soziale Rückendeckung. Aber je näher sie zu dem Gipfel der Machtpositionen kommen, desto mehr werden die LAMADI-Pilger ihre ursprüngliche politische Erdung verlieren und in der Brüsseler Bürokratie und Verwaltung verlorengehen. Die wenigen aber, die es möglicherweise schaffen, in die europäischen Spitzenkreise vordringen, werden dann definitiv keine Bedrohung mehr für das Establishment darstellen.

8.4 Der DIEM25-LAMADI konkret

E i n s c h u b : Erst nachdem ich den Offenen Brief im Aug. 2016 ausgearbeitet, an dich geschickt und DIEM-intern zur Verfügung gestellt habe, in den Monaten Sept. und Okt. 2016, hast du genauer ausgeführt, wie du dir den LAMADI, also die Eroberung von Kommandohöhen in der EU, konkret vorstellst.

Du legst das Hauptgewicht auf Fraktionskämpfe innerhalb der EU. Auf der einen Seite die Bösen: Die Achse des europäischen Bösen wird vertreten durch ein EU-Establishment, genauer *„die EU-Kommission, die EZB, Berlin und Paris"*, die zur Bestrafung der progressiven Regierungen antreten, *„die sich geweigert haben, ihren albernen Programmen Folge zu leisten".*[34] Auf der anderen Seite ein bunter Strauß von Guten, die man daran erkennt, dass sie „progressiv" sind. Niemand weiß allerdings, was der Begriff „progressiv" beinhaltet und was Politik in Europa progressiv macht. Die Progressiven sind *„rebellische Regierungen und Finanzminister, die zur Übernahme der Agenda von DIEM25 gewillt sind", „progressive proeuropäische Regierungen", „progressive nationale Parteien und Regierungen".* Alle sind sie Politiker und Vertreter von Behörden und Verwaltungen, die sich als *„breite demokratische Opposition"* auf einen pan-europäischen LAMADI *„gegen das Agieren der europäischen Eliten auf lokaler, nationaler und auf EU-Ebene"* begeben.[35]

Der ‚Lange Marsch durch die Institutionen' zielt vom Start weg auf den Gewinn von Wahlen, Mehrheiten und Posten innerhalb der bestehenden Strukturen, um schließlich Regierungen und Finanzministerien zu übernehmen. Der LAMADI setzt ambitionierte Ziele, wie du am 11. Oktober 2016 gepostet hast: *„Die progressiven Internationalisten müssen sich die Übernahme von Downing Street No. 10 vornehmen".*[36] Alle Achtung, das ist doch mal ein Ziel für den LAMADI: Ihrer Majestät internationalistischer, den Kapitalismus reparierender, DIEM Premierminister in Downing Street Nr. 10! Die erbittert aufbegehrenden Bevölkerungen, ihre Streiks, Proteste und Revolten für ihr ökonomisches Überleben und eine Zukunft für ihre Kinder, wie auch gegen die Zerstörung ihrer Umwelt und der natürlichen Ressourcen sind offenbar zweitrangig und kommen nicht vor. Kurz gesagt, der überall in Europa vorhandene Klassenkampf findet bei deinem „Anbranden einer demokratischer Opposition" nicht statt. Aber entschuldige bitte, ich habe das mit dem europäischen Kapitalismus aus dem Auge verloren: *„Last uns das tun, ihn stabilisieren. Und dann, dann können wir wieder mit dem Klassenkrieg anfangen, dem Klassenkonflikt".*[37] Eines nach dem anderen. Zuerst den LAMADI, dann Kapitalismus stabilisieren, dann kämpfen? Denk noch mal darüber nach, Yanis.

Nebenbei bemerkt, ehe ich es vergesse: Im Jahr 1988 hat Leonard Cohen einen Song veröffentlicht, den wohl jeder schon einmal gehört hat: „First we take Manhattan, then we take Berlin". Die erste Strophe eignet sich hervorragend als LAMADI-Hymne für DIEM25:

„Das Urteil waren 20 Jahre Stumpfsinn
für das Ändern des Systems von innen drin.
Jetzt komme ich, jetzt geht es um Vergeltung
Erst nehmen wir Manhattan, und danach Berlin. [38]

8.5 Strategie und Taktik von DIEM25

DIEM bietet gestaffelte politische Leitlinien an. Yanis, in deiner Eröffnungsrede im Februar im Volksbühne-Theater in Berlin hast du einen abgestuften Plan für eine „Demokratisierung der Europäischen Union" dargelegt, den du und die Initiativgruppe ausgearbeitet habt, wobei du zwischen unseren unmittelbaren, vorrangigen Aufgaben, den mittelfristigen und den langfristigen Zielen unterschieden hast.[39]

Sofortmaßnahme:

Damit ist die DIEM Kampagne für Transparenz der europäischen Entscheidungsprozesse gemeint. Ich halte das für eine Kopfgeburt intellektueller Kreise weit ab von den Realitäten der Bevölkerung. Wer ist schon bereit, für die Veröffentlichung von Sitzungsprotokollen einer auf breiter Ebene abgelehnten Brüsseler Bürokratie zu kämpfen? Es ist doch für jedermann klar, dass wir von dem Establishment niemals freiwillig etwas von dem erfahren werden, was wir nicht wissen sollen – mit oder ohne Protokolle von diesem oder jenem Gremium. Du selbst, Yanis, argumentierst, dass sogar die Britische Zentralbank und die US Federal Reserve Protokolle veröffentlichen. Hat sich dadurch irgendetwas für das amerikanische oder britische Volk verändert? Alle Welt misstraut aus gutem Grund den Umtrieben von Geheimdiensten, Geheimdiplomatie und Lobbyismus, die die Politik nachhaltig beeinflussen. Die Grundausrichtung unserer Nationalstaaten wird über Korruption, Spitzenabsprachen hinter verschlossenen Türen und in abgehobenen, sondierenden Gesprächskreisen festgelegt. Die politische Klasse ist genötigt, all das unter den Teppich zu kehren, um der Bevölkerung „Demokratie" zu verkaufen. Nur Männern wie Edward Snowdon und Julian Assange ist es zu verdanken, dass wir etwas von dem unglaublichen Ausmaß der Skrupellosigkeit der herrschenden Klasse und der kriminellen Energie ihrer politischen Agenten erfahren. Offizielle Protokolle werden nur schwerlich entlarvende Informationen preisgeben. Es ist eine Art von Donquixoterie, nach formaler Transparenz zu trachten, die genauso leicht gewährt wird, wie du zugleich mit Sicherheit getäuscht wirst. Du vergeudest deine Energien auf Nebenschauplätzen, verbreitest Illusionen über angebliche demokratische Chancen und fällst damit hinter die politischen Lektionen zurück, die die Leute längst gelernt haben. Die Forderung nach formaler Transparenz ist nur für LAMADI-Pilger hilfreich.

Die mittelfristigen Prioritäten:

In deiner Eröffnungsrede in der Volksbühne hast du mitmittelfristig umzusetzende Ziele vorgestellt:

> *Unser mittelfristiges Hauptziel, ist es, nach gründlicher und ernsthafter Beratung unter allen Europäern , die bei dieser Beratung teilnehmen wollen, als DIEM detaillierte Politikvorschläge vorzulegen, die die Schuldenkrise, die Bankenkrise und die Krise extrem geringer Investitionen europäisieren und damit stabilisieren ... Wir werden ausgereifte und umfassende Vorschläge machen, wie die Schulden-, Banken- und Investitionskrise, sowie die überall steigende Armut zu stabilisieren sind ...*"[40]

Die mittelfristigen Ziele umfassen zwar Pläne über eine gemeinsame Beratung über europäischen Kapitalismus, um zu einer stabilisierenden Wirtschaftspolitik gegen die Krise zu finden; deren Ergebnisse sind aber längst mit dem „Bescheidenen Vorschlag zur Lösung der Eurokrise" von 2013 auf dem Tisch. Ursache und Wirkung werden vertauscht.

Bei dir ist die wirtschaftliche Sanierung Europas mit der Frage der Souveränität verknüpft. Deine Theorie ist: Je tiefer die Krise, desto weniger Souveränität und anders herum. Die Umsetzung der „bescheiden vorgetragenen Anti-KrisenVorschläge" führe zur Wiedergewinnung der Souveränität auf nationaler, kommunaler, städtischer und allgemein parlamentarischer Ebene. Ich kann dieser Logik nicht folgen. Um Souveränität für das Volk zu erlangen, müsse man den Kapitalismus stabilisieren? Die Volksmassen würden souverän werden, wenn man die Macht der Bosse stärkt und ihr System stabilisiert, durch das sie den Mehrwert aus der Arbeiterklasse herausziehen? Du betonst wiederholt, *„da gibt es keinen Widerspruch"*; aber natürlich gibt es da einen, und zwar einen riesigen. Das Hauptproblem beruht darauf, dass du Souveränität in einem bürgerlichen Klassensinn verstehst. Den Leute wird ein kollektives gesellschaftliches Boot (Heimathafen: „Nation"; Bootsname „WE ALL") eingeredet und ein gemeinsames Schicksal vorgespielt. Diese Ideologie heißt auch „Sozialpartnerschaft", die gewöhnliche sozialdemokratische Weltanschauung, um den Menschen u. a. einzureden, sie würden über nationale Souveränität verfügen.

Du scheinst auf der Sozialpartnerschaftswelle mitzuschwimmen. Das gemeinsame Credo der „Sozialpartner" lautet: Wenn es den Bossen gut geht, geht es auch den Untergebenen und Abhängigen gut. Jeder Arbeitnehmer, der unter menschenfeindlichem stress und dem Burnout –Syndrom leidet, weiß, dass das nicht stimmt. Die Völker Europas haben längst in der sozialen Wirklichkeit erfahren, dass auch ein reparierter und stabilisierter Kapitalismus keinerlei Souveränität oder ernsthafte Mitbestimmung für sie übrig hat.

Das längerfristige Ziel:

Wir sind nun bei der dritten perspektivischen Ebene von DIEM angelangt, dem längerfristigen strategischen Ziel: *"Eine europäische Verfassung, um Europa in eine voll entwickelte Demokratie zu überführen."*[41] Bei dem Startup in der Volksbühne hast du das Thema wie folgt umrissen:

„Unser längerfristiges Ziel für die Zeit, wenn die verschiedenen Krisen Europas stabilisiert sein werden, ist,

> *eine Verfassungsgebende Versammlung einzuberufen,*
> *auf der die Europäer darüber beraten werden, wie*
> *man bis zum Jahr 2025 eine unverfälschte europäische*
> *Demokratie hervorbringen kann ... und um das auf die*
> *Beine zu stellen, haben wir zwei oder drei Jahre Zeit,*
> *eine Verfassungsgebende Versammlung zu gründen.*"[42]

Für mich ist diese Planung ein Kunstprodukt intellektueller Pläneschmieder, eine rein akademische Erfindung. Vielleicht hilft auch an dieser Stelle die Einschätzung des Historikers. Zu allen Zeiten standen verfassungsgebende Versammlungen am Ende revolutionärer Aufstände oder von Bürgerkriegen. Erst nachdem ein altes Regime niedergekämpft worden war, stellte sich den Siegern und ihrem gesellschaftlich-politischen Lager die Aufgabe, die Neuaufteilung der Macht umfassend in Übereinstimmung mit ihren eigenen Interessen vorzunehmen, d. h. gesellschaftliche Verwaltungen und staatliche Strukturen zu schaffen, mit denen sie die neuen gesellschaftlichen Verhältnisse absicherten. In den vergangenen Jahrhunderten geschah das mit Hilfe von Verfassungen, in denen die neuen sozialen Realitäten festgeschrieben wurden. Sie definierten die grundlegende Weltanschauung und Moral einer erneuerten Welt und schufen neue Machtorgane der Exekutive, Legislative und Judikative.

Es gibt keinen historischen Präzedenzfall für eine Verfassung, die sich „eine wahrhaftige europäische Demokratie" auf ihre Fahnen geschrieben hat, dabei aber lediglich dem Reißbrett einer Gruppe von sich beratenden, vermutlich intellektuellen Denkern entsprungen ist, die dadurch zusammengehalten werden, dass sie Europäer sind. Dieses DIEM25-Projekt kann nicht im Vorwege eine neue und bessere Welt konstituieren, die noch gar nicht der Geschichte entstiegen ist. Dabei kann nur herauskommen, das provisorisch reparierte und historisch überlebte System europäischer Nationalstaaten zu zementieren, das sich längst − in Europa selbst wie auch überall sonst auf dem Globus - als eine Geisel der Menschheit disqualifiziert hat.

9 Fazit: von DIEM25 zu SEUCAM?

Demokratie ist auch in Europa so lange unmöglich, wie allmächtige globale, finanzkapitalistische Player, IMFs, amerikanische, japanische und europäische Zentralbanken und ihre Ableger in den Nationalstaaten, multinationale, weltweit operierende Kartelle (Öl, Fahrzeughersteller, Transportschifffahrt, usw.), sowie militärisch-industrielle Komplexe die Macht haben, die Welt unter ihre Knute zu zwingen. Wir haben bereits festgestellt, dass Demokratie mit kapitalistischen Prinzipien und entsprechender sozialer Praxis nicht vereinbar ist. Aus diesem Grund sind alle modernen Staaten der westlichen Machart plutokratische Oligarchien, die sich als repräsentative Demokratien ausgeben. Sie halten diese Tarnung solange aufrecht, wie es ihnen gelingt, den normalen Menschen Sand in die Augen zu streuen und ihnen einzureden, sie hätten ein Mitspracherecht bei grundsätzlichen Entscheidungen. Wenn jedoch im Zuge sich ständig vertiefender Systemkrisen die verkappten Oligarchien es nicht mehr schaffen, den Schein von demokratischer Regierung glaubhaft zu machen, werden in den Staaten offen populistische, meist nationalistische und autoritäre Regimes favorisiert, salonfähig gemacht und durchgesetzt. Die Abwärtsspirale ist Ergebnis des systemimmanent überhitzenden, globalen Kapitalismus - gleich einem Atomkraftwerk, das unbeherrschbar außer Kontrolle geraten ist und sich unaufhaltsam dem Super-GAU nähert.

Aus diesem Grund ist eine „Demokratie in Europa Bewegung" mit der zentralen Losung „Demokratisieren wir Europa!" zwecks Umsetzung von den Kapitalismus stabilisierenden politisch-ökonomischen Zielen ein Schwindel! Meine genauere

Überprüfung der Grundlagen von DIEM25 hat leider ein ordinäres sozialdemokratisches Reformprogramm zur Rettung des europäischen Kapitalismus vor sich selber zutage gefördert. Dieses politische Kernprogramm ist paneuropäisch und basisdemokratisch verpackt und nutzt tausende von tiefbesorgten und kampfbereiten Aktivisten als Umfeld und Rückendeckung für einen "Langen Marsch durch die Institutionen" führender Experten und politischer Insider. Demokratisierung wird verwechselt mit diesem LAMADI, über den man politische Verwaltungsmacht in dem real existierenden und unverändert belassenen EU-Monster anstrebt.

DIEM25 in der Art, wie sie sich aufstellt, ist nicht das, wofür so viele Aktivisten sie halten: DIEM25 ist schwerlich eine emanzipatorische und radikale Bewegung, die den Widerstand und die Kämpfe der Bevölkerung überall in Europa durch ungeschminkte Perspektive voranbringt.

Yanis, DIEM25 ist offensichtlich eine Konstruktion am grünen Tisch, die sich auf deine professorale Expertise über die ökonomische Krise Europas stützt, und leider als Beratung des EU-Establishments angelegt ist, wie das morsche Krisensystem repariert werden könne. Weiterhin wird unterstellt, dass DIEM25 sich deine Innenansichten in die EU-Administration als griechischer Finanzminister und die griechischen Erfahrungen der Syriza-Partei und Bewegung zunutze macht. Obwohl ich es mir wirklich wünschen würde, kann ich nicht erkennen, welche maßgeblichen Schlussfolgerungen du aus deiner eigenen Niederlage und dem Niedergang des griechischen Volkes für zukünftige Konflikte gezogen hast.

Rechnet man eins und eins zusammen, so ergibt sich: DIEM25 ist bis heute keine „Demokratie in Europa Bewegung", die innerhalb von neun Jahren (bis 2025) Europa zu einem demokratisch ausgereiften Kontinent umformen wird, der von einer kapitalistisch gesunden Union souveräner Nationalstaaten gebildet wird. Realistisch und polemisch auf den Punkt gebracht sollte DIEM25 umbenannt werden in

SEUCAM

„**S**ave **EU Ca**pitalism **M**ovement"

10 Eine Strategie auf realistischer Grundlage tut not

Wenn man auf eine solche detaillierte und grundsätzliche Weise Kritik übt, muss man in der Lage sein, neue Antworten zu geben, um glaubwürdig zu bleiben. Ich möchte deshalb versuchen, dem nachzukommen. In einer Diskussion mit „Die Linke" in Deutschland hast du einen recht dürftigen Blick in die Zukunft getätigt:

> „ ... um das zu tun, was wir tun müssen – eine Allianz von Demokraten überall in der Europäischen Union zu schaffen. Nicht um aus der Europäischen Union die ideale Gesellschaft zu machen. Das können wir nicht. Soll ich euch sagen, was mein Ziel ist? Den europäischen Kapitalismus zu stabilisieren ... "[43]

Was meinst du mit „keine ideale Gesellschaft"? Das Nirwana, das gelobte Land, das Paradies, den Kommunismus auf seiner letzten Stufe? Sind wir etwa Eiferer oder Fanatiker, die du mit solch tiefgründiger Erkenntnis erleuchten musst? Yanis, mit diesem kleinen rhetorischen Trick verschleierst du nur die Tatsache, dass du überhaupt keine Vision hast. Alles, wovon du träumst und wonach du strebst ist ein stabilisierter Kapitalismus, der nicht zusammenbricht. Aber sei bitte nicht voreilig. Lass uns zunächst einmal die Weltlage der wirtschaftlichen Angelegenheiten einschätzen. Lass uns einen Blick werfen auf den anscheinend unaufhaltsamen Marsch in ökonomisches und humanitäres Unheil sowie ökologische und klimatische Katastrophen im laufenden Jahrhundert.

10.1 Der drohenden Untergang des Kapitalismus

Diesbezügliche Beweise und eindringlichen Warnungen der Wissenschaft wurden längst durch politische und Naturkatastrophen rund um den Globus bestätigt. Wir müssen erkennen, dass wir in einer Ära sich häufender und vertiefender globaler Krisen leben. Welche Maßnahmen aber werden unternommen, um die laufenden Krisen einzudämmen und den heraufziehenden entgegenzuwirken? Es ist die Tragik des Kapitalismus, dass Investitionen, worin auch immer, nur getätigt werden, wenn sie ein profitables Geschäft versprechen, - unabhängig davon, wie dringend, überlebenswichtig oder ökologisch notwendig sie für die Menschheit sein mögen. Entweder den Investoren winken Profite oder es passiert nichts. Oder genau anders herum: Keine moralischen Skrupel oder humanitäre Bedenken werden die Moneymaker davon abhalten, in sinnlose, gefährliche und zerstörerische Unternehmungen zu investieren, sobald sie eine Chance wittern, ihrer Kapital zu vermehren.

Niemand ist in der Lange, den Prozess der Zerstörung der natürlichen Ressourcen und des gesellschaftlichen Zusammenhalts der Menschheit zu stoppen, solange er sich diesen herrschenden Normen beugt. Dem Kapitalismus geht nicht langsam die Luft aus, sondern er erstickt an seiner eigenen Dynamik. Er ähnelt einer sterbenden Sonne, der der Wasserstoff ausgeht, die sich dann zu einem roten Riesen aufbläht, um schließlich zu einem weißen Zwerg zu implodieren.

Das kapitalistische System wurde durch eine ihm innewohnende ökonomische Dynamik in der Geschichte vorangetrieben. Es eröffnete die Jagdsaison mit der industriellen Revolution im Verlauf des 19. Jahrhunderts. Es machte sich den Nationalstaat zunutze und zum Ende jenes Jahrhunderts ist eine verschärfte Konkurrenz auf wachsenden Weltmärkten besonders zwischen den imperialistischen Supermächten England, USA und

Deutschland zu konstatieren. Diese brachten ihre nationalen, monopolistischen Industriekomplexe hervor, die finanztechnisch mit Großbanken vernetzt waren. Sie standen unter dem Systemzwang, ununterbrochen ihre sich aufhäufenden Finanzmittel zu vermehren. Sie waren dazu verdammt, sich in weltweiten Zusammenstößen gegenseitig der Rang abzulaufen. Der schlimmste dieser Schlagabtausche kulminierte zu einem Weltkrieg, dem ersten, später gefolgt von einem zweiten. Beide Kriege signalisierten Sackgassen des Kapitalismus. Nach Kontinenten getrennte, ökonomische Blöcke waren nicht in der Lage, sich friedlich und kooperativ auszubalancieren, sondern gingen aufeinander in Kriegen um die Neuaufteilung der Welt los. Perverserweise überlebte der Kapitalismus durch Zerstörung, denn nur dadurch wurde ihm ein Neustart bei null ermöglicht, d.h. die Neuaufnahme des gleichen Wettkampfes um bedingungsloses Wachstum auf noch größerer Stufenleiter.

Die Nachkriegsordnung wurde zu einem weltweiten, monopolistischen Kapitalismus unter US Hegemonie. Sie brachte ein globales Netzwerk des Finanzkapitalismus mit transnational operierenden industriellen Unternehmen hervor, das im letzten Vierteljahrhundert um mächtige, weltumspannende Gesellschaften der Informations- und Internettechnologie erweitert wurde. Die Umsätze dieser ökonomischen Schwergewichte übersteigen bereits die Budgets kleinerer Staaten. Sie haben ihre früheren nationalen Zugehörigkeiten hinter sich gelassen und entwickeln eigene globalisierte Corporate Identities. Es ist einzigartig in der Geschichte, dass heute sogar ganze Staaten von gegen sie spekulierenden Supermännern in Krise und Bankrott getrieben werden können. Die Nationalstaaten verlieren mehr und mehr ihre politische Autorität und Entscheidungsmacht. Sie sind dabei, sich historisch angesichts neuer globaler Zentren der Macht zu überleben. Selbst noch vor einem Jahrhundert hätte ein solches Ausmaß der Gesell-

schaftsentwicklung jenseits des menschlichen Vorstellungs-
vermögens gelegen. Die Menschheit wird neue Formen globalen, friedlichen, gesellschaftlichen Zusammenlebens jenseits
nationalstaatlicher Einzäunung zu finden haben. Der gegen-
wärtige Hauptfeind auf dem Weg der Völker ist eine weltweit
verlinkte, koalierende und intrigierende finanzkapitalistische
Meute von Topmanagern, Bankern, Finanzjongleuren, Multi-
milliarden-Dollar-Ölscheichs oder russische Oligarchen und
ihrer korrupten, politischen Handlanger in allen nationalen
Regierungsstrukturen und internationalen Institutionen.

10.2 *Der herrschende ÖkWk*

Dieses Rudel ökonomischer und politischer Wölfe stellt die
Hauptakteure eines längst wütenden **Ök**onomischen **W**eltkrie-
ges (ÖkWk), den sie unter- und gegeneinander um wirtschaftliche und politische Vorherrschaft führen. Das heraufziehende
Ende von Nationalstaaten ist nur eine der wesentlichen Auswirkungen der Globalisierung. Die großen Mächte verfügen
über Militärapparate für globalen Einsatz, die sie zu Interventionen in abgelegeneren Regionen einsetzen können. Sie hei-
zen mit ihrem Militärmaterial Stellvertreterkriege an und vor
allem sichern sie die blendenden Geschäfte der Waffen- und
Militärtechnikindustrie durch entsprechende Politik und Ausfuhrgenehmigungen ab. Heutzutage scheint ein heißer Krieg
zwischen den führenden Mächten von G7 bis G20 fast unmöglich zu sein, weil sie sich überall selbst treffen würden. Sie
würden Produktionsanlage von Unternehmen zerstören, an
denen sie Anteile halten oder die sich im Besitz von mit ihnen
vernetzten Landsleuten befinden. Die Finanzzentren der internationalen Oligarchie, diese Drehscheiben der globalen Fi-
nanznetzwerke lassen sich nicht ausschalten, ohne damit
überall einen ökonomischen Zusammenbruch hervorzurufen.
In der obersten Sphäre der Geschäftswelt, auf dem Parket des
Investment Banking und der globalen Realwirtschaft herrscht

internationale Arbeitsteilung. Man kann in ihr nicht mehr zwischen „national" und „ausländisch", zwischen „WIR" und „SIE" unterscheiden.

Heutzutage sind Krisen grundsätzlich eine Folge des gegenwärtigen ÖkWk, der zwischen den stärksten Ökonomien und ihren derzeitigen Einflusszonen wütet. Die Kontrahenten im Wirtschaftskrieg werden jeweils von international antretenden Großbanken und Konzernen angeführt. Der ÖkWk hat sich längst durch emporstrebende Tiger Staaten und die Herausforderungen von ehemaligen Zweite Welt Ökonomien definitiv zu einem Vielfrontenkampf entwickelt. Und so sind wir konfrontiert mit einem, mit allen Mitteln geführten, egoistischen, schädlichen Konkurrenzkampf jeder gegen jeden, Nord gegen Süd und West gegen Ost. Die Austarierung der ökonomischen und politischen Mächte wird ständig über den Haufen geworfen. Die Welt hat sich in jeder Hinsicht als endlich herausgestellt. Aus diesem Grund können die ökonomischen Kriegsparteien nur zu Lasten ihrer Konkurrenten Boden gutmachen. Die Kriegsherren der Wirtschaft und Finanzen können sich um nichts anderes kümmern als um ihr eigenes Wachstum, um das Steigen ihrer Geschäftszahlen. Um diese Ziele zu erreichen, wenden sie ohne jegliche Skrupel alle legalen und illegalen Methoden an: Sie bestechen und bedrohen, verhängen Embargos oder intervenieren militärisch. Mit ihrer Supermachtpolitik hinterlassen sie verbannte Erde in Bezug auf die Welternährung, das Weltklima, die Ressourcen der Welt und Millionen von Kriegs- Klima- und Armutsflüchtlingen.

10.3 Den Gordischen Knoten des Kapitalismus durchschlagen

Alle Versuche, einen Weg aus der sich gefährlich zuspitzende Situation auf dem Planeten Erde zu finden, hängen untrennbar mit zwei grundlegenden Gesichtspunkten zusammen, die ich bereits angesprochen habe.

Der eine bezieht sich auf die Nationen-/Nationalstaat-Problematik, die in einem anmaßenden, andere Völker heranstufenden nationalen „WIR" ihren sprachlichen und gefühlsmäßigen Ausdruck findet. Der höhere Zweck ist, einen nationalen Einheitsblock aus einer in sich zerrissenen inländischen Gesellschaft zu formen. Dasselbe gilt für einen Euronationalismus mit der EU und dem Euro im Zentrum. Auch hier wird die Blockformation eines angeblich historisch, kulturell und ökonomisch überlegenen alten Kontinents angestrebt, der die Hoffnung hegt, seine ererbte weltweite Bedeutung zu verteidigen.

Der andere ist die absolute Macht des Privatbesitzes, der seine Inhaber mit der uneingeschränkten Verfügungsmacht über Dinge und Menschen, die von diesem Besitz erfasst werden, ausstattet. Diese einseitige gesellschaftliche Formation der Machtverteilung hat sich in der Geschichte als antagonistisch gegenüber jedem Versuch von besitzlosen Massen, über sich selbst zu bestimmen, herausgestellt.

Beide Sachverhalte müssen als auf sich bezogene Einheit gesehen werden. Der nationale Block des gesellschaftlichen Einheitsbrei-„WIR" hat immer unter dem oft verhängnisvollen Kommando der besitzenden Klassen gestanden. Heutzutage machen die finanzkapitalistischen Eigentums- und Besitzerverhältnisse noch immer Gebrauch von der nützlichen Nationenideologie. Auf diesen zwei Säulen ruht die moderne Zivilisation. Sie sind die Basis des schonungslosen kalten ÖkWk und werden zu dem endgültigen Zusammenbruch der Weltwirtschaft in einer Spirale von sich weiter verschärfenden Krisen führen. Der ökonomische Kollaps wird begleitet von dem Zusammenbruch der globalen ökologischen, humanitären, geologischen und klimatischen Systeme, w e n n   d i e   V ö l k e r   d i e s e n   B a n k r o t t e u r e n   n i c h t   i n   d e n   A r m   f a l l e n .

Die herrschenden Klassen der modernen Jahrhunderte waren immer gezwungen, die beiden tragenden Säulen ihrer Gesellschaftsformation mit all ihrer ideologischen und politischen Macht zu verteidigen, wobei mitunter nicht einmal davor zurückgeschreckt wurde, Querdenker auf dem Scheiterhaufen zum Schweigen zu bringen oder sie, wie in NS-Zeiten, zu erschießen, zu vergasen oder aufzuhängen. Die Zahl der akademischen Ausarbeiter benötigter Theoriegebäude für die Manipulation der einfachen Bevölkerung ist Legion. Sie konzentrierten sich in den sogenannten Geisteswissenschaften als Philosophen, Historiker und Theologen. Sie verklärten den Privat- und Kapitalbesitz zu eine transzendenten, ewigen Kategorie. Sie vergöttlichten die jeweils herrschenden oder führenden Häupter – Könige, Kaiser, Führer, Päpste, aber auch Partei- und Revolutionsführer, Klassiker des Marxismus, usw. – zu sakrosankten, heroischen Übermenschen. Sie schrieben der Nation und dem Staat göttlichen Ursprung zu. „Gott-sei-Dank" hat es aber auch immer Intellektuelle, Akademiker, Denker und Kämpfer für die Sache der Unterklassen gegeben, die die gesellschaftlichen Angelegenheiten rational und im Einklang mit den gesellschaftlichen und historischen Realitäten erklärten.

Fassen wir zusammen, was bereits in früheren Abschnitten erarbeitet worden ist. Das private, legale Eigentum ist eine Erfindung der alten Griechen und wurde von den Römern detailliert ausgearbeitet. Es wurde zur Grundlage der Staatsentstehung nach westlichem Muster. Jedes Rechtssystem ist Menschenwerk und kann daher auch jeweils neuen gesellschaftlichen Umständen angepasst werden. Die moderne kapitalistische Gesellschaft beruht immer noch auf einem Rechtssystem, das zum Schutz des Privateigentums in antiken Sklavenhalterstaaten entwickelt wurde. Die „Nation" ist ein imaginiertes Konstrukt, um dem modernen bürgerlich-kapitalistischen Staat ideologischen Sinn zu verleihen und die Grenzen des heimischen Marktes und des politischen und rechtlichen Machtgebietes abzustecken. Nationalismus dient der Verbreitung demokratischer Illusionen. Er ist die hervorstechendste Ideologie zur Entwaffnung der besitzlosen, abhängig arbeitenden Klassen der Gesellschaft und macht aus ihnen Modelliermasse in der Hand eines ökonomischen und politischen Establishments.

Die Welt treibt dem Rand des Abgrundes entgegen. Reiner Wahnsinn greift global um sich. Unermesslicher Reichtum und gewaltige Finanzmittel werden zurückgehalten und gehortet und in einer sinnlosen Finanzwirtschaft verpulvert. Die Reichen, Schönen und Gierigen des Geldadels spielen Glücksspiele im Ballsaal einer globalen Titanic, während das Gesellschaftsschiff durch ein Feld von Kriseneisbergen brettert. Die Arbeitscrew und die Masse der Dritte-Klasse-Passagiere der Unterdecks bekommen es in dieser hochgefährlichen Situation immer mehr mit der Angst zu tun. Noch bleibt Zeit, diese Wahnsinnsfahrt zu stoppen, wenn die Maschinisten und Ingenieure es wagen, die Maschinen herunterzufahren, die See- und Steuerleute sich trauen, den Schiffskurs zu verändern und radikal abzudrehen und das Sicherheitspersonal an Bord all seine Zivilcourage zusammennimmt und die Brücke in seine Gewalt bringt. Und dann schließen sie die Türen des Ballsaals ab und übernehmen das Schiff.

Schaue hin, Yanis. Das ist m e i n e Vision. Nicht von einer „idealen Gesellschaft", sondern davon, was primär zu tun ist, die Welt vor dem Untergang zu bewahren. Kein Utopia, sondern ein globaler Notfallplan:

- Ich spreche der plutokratischen, oligarchischen und pseudodemokratischen Schicht das Recht ab, sich auf ein Rechtssystem zu berufen, das eine destruktive, parasitäre Finanzwelt legalisiert, in der erarbeiteter Mehrwert der schaffenden Bevölkerung veruntreut wird.
- Ich spreche ihnen das Recht ab, an den Schalthebeln der Macht zu sitzen, einzig weil sie gegenseitig ausgestellte Be-

sitzurkunden vorweisen können, die ihnen die letzte Entscheidung über alle Mittel und Einrichtungen der Produktion garantieren, ohne jemals in ihr gearbeitet oder sie überhaupt jemals von innen gesehen zu haben.

- Ich spreche ihnen das Recht ab, sich menschliche Arbeitskraft zu kaufen und so über das Schicksal von Männern und Frauen und ihrer Familien zu bestimmen, einzig deshalb, weil sie zufällig alles privat besitzen.
- Ich spreche ihnen das Recht ab, die Natur, welche die Existenzgrundlage von Milliarden von Menschen weltweit bildet, aus Gründen der Kapitalakkumulation zu ruinieren.

Das, Yanis, sind globale, nicht enge europäische Belange. Das ist, was ich unter „Durchschlagen des Gordischen Knotens" verstehe.

Ich kann mich bei meiner Argumentation sogar auf die amerikanische Unabhängigkeitserklärung berufen, die 1776 für das Volk einforderte:

> *„...dass, wenn immer irgendeine Regierungsform sich als diesen Zielen abträglich erweist, es Recht des Volkes ist, sie zu ändern oder abzuschaffen und eine neue Regierung einzusetzen und diese auf solchen Grundsätzen aufzubauen und ihre Gewalten in der Form zu organisieren, wie es ihm zur Gewährleistung seiner Sicherheit und seines Glückes geboten zu sein scheint. ... Aber wenn eine lange Reihe von Missbräuchen und Übergriffen, die stets das gleiche Ziel verfolgen, die Absicht erkennen lässt, sie absolutem Despotismus zu unterwerfen, so ist es ihr Recht und ihre Pflicht, eine solche Regierung zu beseitigen und neue Wächter für ihre künftige Sicherheit zu bestellen."*

Das soziale Recht auf Widerstand beinhaltet, eingelagertes und zurückgehaltenes Kapital für jene, die es zum Überleben und zu einem Leben in Würde benötigen, nutzbar zu machen. Um es unmissverständlich klarzustellen: „Nutzbar machen" bedeutet nicht „mit Kompensation übernehmen", sondern Sozialisation ohne Entschädigung. Erstens hat eine Volksregierung zu verhindern, dass Finanzhaie weiterhin Finanzmittel zum Schaden von denen, die sie ursprünglich einmal schwer erarbeitet haben, verspekulieren und verspielen. Zweitens muss sie die überflüssige Finanzmittel bereitzustellen, um dringende soziale Probleme im eigenen Land, auf Europaebene und im globalen Rahmen anzupacken.

Aus diesen Gründen darf sich eine emanzipatorische, radikale Bewegung nicht auf eine rein europäische Perspektive ausrichten und damit quasi einem Euronationalismus das Wort zu reden. Siege mit solcher Ausrichtung produzieren automatisch Verluste und Leid bei Völkern in anderen Weltgegenden. Es gibt keine Völker auf der Welt, die europäischen und das amerikanische eingeschlossen, die davon profitieren, wenn ein starker eurokapitalistischer Block oder eine US-Supermacht Schlachten im ÖkWk gewinnen. Im Zuge des ÖkWk hat weder eine Integration noch Desintegration Europas irgendetwas mit den Interessen der europäischen Völker zu tun. Es ist unsere Aufgabe, globale Alternativen und für alle Völker wichtige Forderungen gegen den ÖkWk überhaupt zu entwickeln. Wir müssen die ererbten staatlichen und ökonomischen Strukturen hinter uns lassen, die sich als unbrauchbar erwiesen haben, auch nur das kleinste drängende Problem der Menschheit zu lösen.

11 Den richtigen Weg finden

Erlaube mir, von dem „Bescheidenen Vorschlag" für strategische Überlegungen auszugehen.

11.1 Über die Staatsschuldenkrise

Staatsanleihen sind keine kapitalistischen Kredite, sondern Wuchergeld wie es Geldverleiher zu vorkapitalistischen, spätmittelalterlichen Zeiten gewährten. Anders als bei einem Kapitalkredit einer Bank zeichnen Finanzinstitute Staatsanleihen ohne nachzufragen, wofür diese Geldeinlagen gedacht sind, solange ihnen Sicherheiten für die Rückzahlung der Anleihe plus der vereinbarten Zinsen gegeben werden. Staatsanleihen benutzen die steuerzahlende Bevölkerung als Sicherheit. Ohne dass man ihn fragt und er etwas davon merkt, wird jeder Steuerzahler mit einer beträchtlichen Geldsumme belastet. Sein zukünftiges Einkommen wird u. a. an ausländische Investoren, an Zentren internationaler Finanzmacht und für private Bankkonsortien als staatliche Bürgschaft verpfändet. Die Völker haben jährlich gewaltige Zinssummen aus dem Staatshaushalt für private Gläubigergesellschaften aufzubringen. Diese Steuergelder wurden aber erhoben, um die Kosten der Allgemeinheit und die Verwaltung des öffentlichen Lebens aufzubringen, nicht jedoch, um auf den Konten von Großbanken und reichen Investoren zu enden. Die „normale", hohe Schuldenlast des Staates ist eine spezielle Methode, mit der die Reichen sich zusätzlich auf Kosten der Unterklassen bereichern. Das Niveau der Staatsverschuldung wird dadurch hochgehalten, dass die fällige Rückzahlung von Anleihen durch neue Anleihen erfolgt. In Zeiten der Krise mit sinkendem Bruttosozialprodukt, schrumpfenden Steuereinnahmen und steigender Arbeitslosigkeit führt das Auslösen alter Staatsschulden oder deren Umschuldung über neue Anleihen direkt in die Austeritätspolitik.

Es ist unumgänglich festzustellen: Die Völker sind n i c h t dafür verantwortlich, wenn Nationalstaatsregierungen Staatsanleihen auflegen. Die Schulden von oligarchischen Nationalstaaten sind nicht ihre Schulden. Man kann ihnen nicht über pseudodemokratische Abläufe und mit Hilfe eines verlogenen nationalen „WIR" die Verantwortung aufbürden. Eine Politik zur Abwicklung der Staatsschulden macht Sinn. Es müssen diejenigen zur Rechnung gebeten werden, die die Staatsschulden zu einer Dauerangelegenheit gemacht und von ihnen profitiert haben: Banken, Lobbyisten-Handlanger, ihre Ansprechpartner in der Politik und entsprechende Interessengruppen, diejenigen, die aus Volksfinanzen Zinsen erhielten. Das gilt ebenfalls für jene Institutionen und Interessengruppen, die eine Währung eingeführt haben, mit der ganze Ökonomien in die Schuldenfalle getrieben wurden. Und schließlich jene Privatleute, welche von Steuerhinterziehung und Steuerflucht profitiert haben; Großunternehmen und multinationale Konzerne, die unter Ausnutzung aller Tricks des nationalen und internationalen Rechts Steuerzahlungen umgehen und obendrein noch staatliche Subventionen einsacken.

Eine Volksregierung muss die Lage mit eigenen Experten und eigenen Instituten durchleuchten und über eigene professionelle PR Agenturen verfügen, kennen wir doch die umfassende juristische und korrupte Show, die die Profis in diesem Machtspiel abziehen, indem sie versuchen, alles und jedes mit Hilfe von Hetze und Propagandakampagnen über die Medien zu verwirren. Du kannst dieses Spiel nicht gewinnen, indem du dich seinen Spielregeln unterwirfst. Eine Volksregierung muss unbedingt neue ökonomische und juristische Regeln herausgeben. Sie muss in aller Öffentlichkeit ihre politischen Maßnahmen erklären. Sie muss ständig die politisch wache und interessierte Öffentlichkeit zur Kritik ermuntern, muss dem Volk zuhören und niemals zögern, ihre Maßnahmen ggf. zu korrigieren und neu auszurichten.

11.2 Über die Bankenkrise

Als Du, Yanis, und deine zwei Fachkollegen euch mit der europäischen Bankenkrise beschäftigt habt, habt ihr diese aus-

schließlich als ein strategisches Problem im ÖkWk behandelt.
Ihr schriebt:

> *„Die Eurozone verfügt über eine Zentralbank ohne eine
> Regierung und nationale Regierungen ohne die Unter-
> stützung von Zentralbanken, - und das angesichts eines
> globalen Netzwerkes von Megabanken, die man un-
> möglich überwachen kann."[44]*

Ihr erklärt das globale Netzwerk von Megabanken zum Konkurrenten im ÖkWk. Die arme EZB steht alleine da ohne die Un-
terstützung durch nationale Regierungen und die armen Regierungen haben keine Zentralbank. Als guter Eurofighter möch-
test du das europäische Bankwesen für die weltweiten Herausforderungen fit machen. Du willst eine Zentralsuperbank für
die Eurozone, genannt „Bankenunion", auf den Weg bringen.
*„Die Eurozone muss am Ende ein einziges Bankensystem mit
einer einzigen Bankzentrale werden."[45]* Deine Sorge gilt einer
systematischeren und zentralisierteren Rekapitalisierung und
Rettung rotter Banken, um sie zu einem brauchbaren Element
und einer Abteilung der europäischen ÖkWk Streitkräfte zu
qualifizieren. Es gilt strategische Macht im ÖkWk aufzubauen.
Ein zentralisiertes europäisches Bankenwesen wird mit den US
Megabanken gleichziehen können. Der weltweite Finanzkapitalismus wird weiter konzentriert werden und der Finanzdruck
gegen andere Volkswirtschaften wird sich erhöhen. Die Welt
wird sogar noch explosiver werden.

Die Eurozonenbanken unabhängig von den globalen Netzwer-
ken darzustellen, ist reiner Eurochauvinismus. In Wirklichkeit
kann man die europäischen und die amerikanischen Banken
nur schwer auseinanderhalten. Die europäischen Großbanken
sind schon immer ein Teil des globalen Netzwerkes von Megabanken gewesen. Lass uns einmal einen Blick auf die D e u t -
s c h e B a n k werfen. Der V o r s t a n d besteht aus 6 Aus-
ländern (2 Briten, 1 Südafrikaner, 2 Franzosen/innen, 1 US-
Amerikanerin) und 4 Deutschen. Vorstandsvorsitzender ist ein

englischer Banker. Berufliche Beziehungen und Verbindungen bestehen zu Credit Suisse, Banque de France, Goldman Sachs, J.P. Morgan, Lehman Brothers and Bear Stearns (beide gingen 2008 unter), Postbank AG, UBS Group SG and S.G.Warburg&Co. London (investment bank), Temasek Holdings (Singapore investment company), Investec Bank South Africa (property operations, asset management). Nichtbankgestützte Verbindungen zu: Boing, Ford Motors, Dell Inc., E.ON SE. Über die Aufsichtsratsmitglieder der Unternehmerseite sind Kontakte anzunehmen zu Allianz SE, Renova Management AG, Zürich (intern. assets), Standard Chartered PLC, UK (banking, financial services), Cleary Gottlieb Steen & Hamilton LLP, New York (intern. law firm), Franz Haniel&Cie. Duisburg (investment holding), E..ON SE. Im Aufsichtsrat sind vertreten: 1 Brasilianerin/Amerikanerin (Warburg Pincus LLC, New York (private equity firm), J.P. Morgan, Chase Manhattan), und 2 britische Manager/in (Alliance Trust, UK (shareholders' prosperity), Morley Fund Management Ltd, UK (investment management), Woolwich PLC, UK (financial service provider)). Das ist nur ein winziger Ausschnitt aus dem gesamten Netz an Querverbindungen der globalen Bankensphäre und des globalen Finanzwesens. Wir haben noch nicht das wirkliche Ausmaß der direkten gegenseitigen Abhängigkeiten über Aktienanteile und Kapitalüberlappungen sowie die im Hintergrund sich abspielenden Fusionen und Übernahmen erfasst.

Wir bekommen einen groben Eindruck davon, was eine zivilisierte, hart und redlich arbeitende und kooperierende Welt überhaupt nicht braucht! Banken sind der Ausgangspunkt weltweiter Spekulation, von Wettgeschäften und Finanzzockerei mit illusionärem Kapital und ungedecktem Geld über alle Grenzen hinweg. Sie haben gefährliche Finanzblasen zu verantworten. Dabei müssen wir zwischen Geschäftsbanken der Realwirtschaft und dem halsbrecherischen Investmentbanking unterscheiden. In der US-amerikanischen Bankentradition sind diese zwei Geschäftsfelder streng voneinander getrennt, mit der Folge, dass wir es mit speziellen Investment Superbanken als tickende Zeitbomben der Weltwirtschaft zu tun bekamen.

Der Finanzkapitalismus ist keine Erfindung so cleverer wie böser Banker, Finanziers und Aktienspekulanten. Er ist die unvermeidliche, aller Wahrscheinlichkeit nach letzte Entwicklungsstufe dieses ökonomischen Systems zum „Roter-Riese-Kapitalismus", der implodieren wird. Es kann nicht die Aufgabe einer Volksregierung sein, scheiternde Banken mit den Steuermitteln der Bevölkerung zu stützen. Im Gegenteil! Ihre Politik muss es sein, die Finanzspekulation zu illegalisieren. Es gilt, jene Einrichtungen, Fonds und Investmentbanken abzuschaffen, die in gefährlichen Finanzglücksspielen gesellschaftliche Ressourcen als Wetteinsätze verzocken, für deren Entstehung irgendwo auf Welt Menschen schwer gearbeitet haben. Yanis, im Zusammenhang mit Bankenrettungsmaßnahmen gilt deine größte Sorge einer eventuellen Beschneidung der Einlagen *(„to avoide, above all, a haircut of deposits"*[46]). Was soll's? Lass uns das ökonomisch nutzlose und die Gesellschaft sabotierende Investment Banking aus der Welt schaffen und die Depositen sinnvoll in dringende soziale Projekte investieren.

11.3 Über die Investitionskrise

Zuallererst ist die Investitionskrise das Ergebnis einer potentiellen Überproduktionsdauerkrise, d. h. einer relativen Sättigung der Verbrauchernachfrage weltweit. Eine profitable Reinvestition des Kapitals im industriellen Kreislauf und in der Realwirtschaft hat sich immer schwieriger gestaltet. Andererseits waren die Leistungsfähigkeit und die Möglichkeiten der Menschheit, allen Anforderungen des materiellen und gesellschaftlichen Lebens weltweit gerecht zu werden, niemals vorher in der Geschichte günstiger gewesen. Die Naturwissen-

schaften und die angewandten Wissenschaften, das Ingeni-
eurwesen, das globale Transportwesen, die nachhaltige Erzeu-
gung und Wiedergewinnung von Energie, die naturschonende
Gewinnung von Rohstoffen, ein erstaunliches Niveau der Ar-
beitsproduktivität und einer weltweit möglichen Arbeitsteilung
in einer zusammenwachsenden Arbeitswelt und dadurch frei-
werdende Kapazitäten für Kultur und Bildung reichen objektiv
aus, um den vorhandenen Bedarf einer wachsenden Weltbe-
völkerung zu befriedigen und neu sich ergebenden globalen
Herausforderungen gerecht zu werden. Warum also kommt
die Welt nicht voran, sondern entwickelt sich zum Negativen?
Weil mehr als 95 % der Menschen über keinerlei Vermögen
verfügen, welches aber die Eintrittskarte in die Welt der Entscheidungen ist. Und wenn du zufällig zu der Klasse der Kapi-
talbesitzer gehörst, dann hast du dich ausschließlich um dein
Vermögen zu kümmern, um es nicht zu verlieren. Du musst es
profitabel verwenden und darfst keine Gelegenheit zu gewinn-
trächtiger Investition auslassen. Du bist zwar jetzt ein Entscheidungsträger, aber ausschließlich zum Wohle deines eigenen privaten Kapitals.

Woran kranken die Märkte und das Investitionswesen? Kapitalistische Unternehmer feilschen mit den Lohnarbeitern um
einen geringen Lohn, um die Produktion so profitabel wie
möglich zu betreiben. Außerhalb der Produktionsstätten des
Unternehmens sind diese mehr schlecht als recht bezahlten
Arbeitnehmer Käufer und Konsumenten der produzierten
Waren, die der Unternehmer aus Warenkapital durch Verkauf
in Geldkapital verwandeln muss. Auf dem Warenmarkt ver-
wandelt sich das Interesse des Unternehmers gegenüber seinen Arbeitern in das Gegenteil, denn nun sollen seine Arbeitnehmer möglichst viel an Lohngeld ausgeben, das sie nicht
haben, weil er es ihnen vorher verweigert hat. Folglich kann es
passieren, dass die Kapitalisten auf ihren Waren sitzen bleiben

oder gezwungen sind, sie zu einem Tiefpreis zu verkaufen. In beiden Fällen verlieren sie ihre Marge.

Bis vor ca. einem Vierteljahrhundert ging es Industriellen in Zeiten von Überproduktionskrisen schlecht. Heutzutage jedoch bietet sich ihnen ein angeblich cleverer Ausweg. Sie sehen von einer erneuten Investition ihres Kapitals in gestörten Akkumulationskreisläufen der Realwirtschaft ab und halten ihr Geldmittel solange zurück, bis sich ihnen neue Investitionsgelegenheiten auf Finanzanlagemärkten bieten. Dort können sie sogenannte „Finanzprodukte" kaufen, verkaufen und mit ihnen nach Herzenslust spekulieren, wobei sich Chancen auf riesige Gewinne bei hohem, kribbelndem Risiko bieten. Sie brauchen sich nicht mehr mit materiellen Waren und der Organisation von tatsächlichen Produktionsketten herumzuärgern. Sie können fiktives Kapital hervorrufen und mit ihm Handel treiben und Finanzblasen aus dem Nichts entstehen lassen. In Milliarden-Dollar-Spielen sind Spitzenspekulanten sogar schon gleichrangige Gegner für Großbanken und von ganze Währungen.

Einst wurden Finanzinstrumente, Kredite, Versicherungen und Investitionen ins Leben gerufen um Realwirtschaft zu ermöglichen und zu verbessern. Real produzierende Menschen konnten mit ihrer Hilfe einfacher mehr nützliche und nachgefragte Produkte herstellen und austauschen und auf diesem Wege das Leben aller erleichtern und gesellschaftliches Zusammenleben sicherstellen. Wir haben weiter oben schon von den großen Möglichkeiten gesprochen, die sich den Völkern heute auf Weltniveau eröffnen und von den Chancen, die ernsten und global sich aufstauenden Probleme jenseits der Herrschaft von Finanzkapitalismus zu lösen. Dieser verzockt alle Chancen, veruntreut die geschaffenen Werte der arbeitenden Menschen und verhindert dringend benötigte und sinnvolle Investitionen aus reinen Profitgründen und des Mammons wegen. Die letztendliche Perspektive der Menschheit kann nur lauten: Weg mit dem Finanzkapitalismus!

Die allgemeine und dauernde globale Investmentkrise wurde durch die Konstruktion einer europäischen Währung, die die schwächeren Volkswirtschaften abwürgte, vertieft. Sie wurden Opfer deutscher Exportoffensiven, denen nicht konkurrenzfähige inländische Industrien unterlegen waren. Durch den Euro wurde diesen Ländern die Möglichkeit genommen, durch Abwertung der eigenen Währung ein Marktgleichgewicht herzustellen. Auch Importzölle konnten im Rahmen der EU nicht erhoben werden. Die Schieflage der Handelsbilanzen provozierte in diesen Ländern die Aufnahme von Staatsanleihen, die in den Zeiten von Rezession nicht bedient werden konnten. Diese Abwärtsspirale hielt außerdem internationales Privatkapital davon ab, in den unsicheren Realwirtschaften dieser Länder zu investieren. Die Rating Agenturen brachten sie weiter zu Fall. Sie kommen aus diesem Teufelskreis nicht mehrt heraus und werden Teil des Hinterhofes der starken Volkswirtschaften, in dem sich dauerhaft verarmende, abhängige und von Austeritätspolitik geplagte Länder wiederfinden.

Also dann, Yanis, du stellst einen Ausweg in Aussicht. Der „Bescheidenen Vorschlag", Strategie 3: „Ein investitionsgestütztes Rettungs- und Konvergenzprogramm (IRKP)"[47] soll einen Weg zur Stabilisierung dieser europäischen kapitalistischen Gegebenheiten weisen. Keine der tiefgreifenden, Investitionen verhindernden Zustände, die ich versucht habe zu skizzieren, und die du selbst wiederholt deinen Zuhörern und Lesern beschrieben hast, wird berührt. Dein Vorschlag ist ein listiger Versuch Investitionen im sozialen und Umweltbereich über Kredite der Europäischen Investmentbank (EIB) und seines (62 %) EIF (European Investment Fund) anzulocken. Du hegst die Hoffnung, dass diese Direktinvestitionen in bestimmte Projekte die Chance haben, sich zu amortisieren und damit Investmentfinanzierung wieder angekurbelt werden kann, denn *„die Welt ist überschwemmt mit Sparvermögen, die nach gesunden Anlagemöglichkeiten suchen".*[48]

Am Ende wird es zusätzliche Schulden geben, während sich die Staatsschuldenkrise in den laufenden Jahren sogar noch weiter vertieft hat, das Handelsungleichgewicht noch größer geworden ist und das BSP weiter absinkt. Es ist ein hoffnungsloses Unterfangen, über europäisierte EIB/EIF Investitionsprojekte die sich vertiefende Dauerkrise zu beenden. Die EIB wurde 1958 gegründet, der EIF wurde 1994 eingerichtet. Sicher haben sie oftmals sinnvolle Hilfe geleistet. Sie waren aber niemals in der Lage gewesen, den Gang der Wirtschaft grundlegend zu ändern. Sie können nicht mehr sein als ein Tropfen auf den heißen Stein. Und obendrein, bitte nicht aus dem Auge verlieren: Die Anteilseigner der EIB sind die EU Mitgliedsstaaten. Ihr Rat der Gouverneure ist mit deren Finanzministern besetzt. Ihr Verwaltungsrat setzt sich aus von den Mitgliedsstaaten ernannten Mitgliedern zusammen. Bist du sicher, dass sie alle zugunsten der südlichen angeschlagenen Ökonomien tätig werden?

Dein Vorschlag mag Positives bewirken. Ihn aber als eine Möglichkeit zu verkaufen, den europäischen Kapitalismus vor sich selber zu retten, als eine Möglichkeit zur Stabilisierung des europäischen Kapitalismus, ist populistisch. Es bleibt eindeutig dabei, dass die Völker dem Niedergang ihrer Länder nicht entfliehen können, solange sie den Regularien und dem Kommando der Administration eines im ÖkWk mitmischenden EU Blocks unterworfen bleiben.

12 Strategisches Hauptziel: Finanzkapitalismus beseitigen

12.1 Das Tabu

Was ist die ultimative Frage aller Fragen in der Geschichte bzgl. Wirtschaft und Politik, die Mutter aller gesellschaftlichen Fragen seit dem Aufbruch der Zivilisation? Sie handelt von einem Tabu, das niemand jemals in der Geschichte gebrochen hat, ohne dass ihn sämtliche Dämonen der herrschenden Klassen heimgesuchten. Bei dem Tabu geht es um die Frage, wer den materiellen Reichtum der Gesellschaft erzeugt. Wer erarbeitet den Lebensunterhalt der Menschheit? Und wer tut das nicht, hat aber dennoch ein prächtiges Auskommen? In allen zivilisierten stadtstaatlichen Gesellschaften und frühen Gottkönigtümern, die sich in der Bronzezeit vor ca. 50000 Jahren bildeten, beutete eine herrschende Oberklasse von Anfang an die Masse der Produzenten der Unterschichten aus, d. h. sie eignete sich deren Arbeitsergebnis ohne Vergütung an und beließ den Arbeitenden gerade genug, um zu überleben. Sie waren hochgestellte, gebildete, gesellschaftliche Parasiten, die ihrerseits vollständig abhängig von ihren Ernährern waren, während die arbeitenden Menschen gut ohne sie ausgekommen wären. Die Herrschenden mussten folglich von Anfang an mit allen Mitteln verhindern, dass den Unterklassen diese Tatsache bewusst wurde: Deshalb das Tabu.

Ich kann an dieser Stelle nicht alle die psychologischen und religiösen Methoden und abstrusen Theorien auflisten, die in der Vergangenheit ausgedacht worden sind, um das Tabu aufrechtzuerhalten und wirken zu lassen. Manchmal wurde es von mutigen Männern durchbrochen, beispielsweise von dem Apostel Paulus, als er die frühchristlichen Gemeinden lehrte: *„Wer nicht arbeiten will, soll auch nicht essen."*[49] Und es gab den rebellische Priester John Ball, der 1381 während eines großen Bauernaufstandes in England die Bauern in einer Predigt rhetorisch fragte: *„Als Adam grub und Eva spann, wer war da der Edelmann?"* Die Wirtschaftswissenschaften entstanden parallel zu der steigenden wirtschaftlichen Bedeutung des bürgerlichen Dritten Standes. Das Tabu wurde offen zum einen von den klassischen Nationalökonomen in Frage gestellt, denn sie wollten noch rational erklären, wie „Der Wohlstand

der Nationen" (Adam Smith)[50] produziert wurde. Zum andere
entlarvte Karl Marx das Tabu auf überzeugende Weise, indem
er herausarbeitete, wie es ein Kapitalist anstellt, aus den Lohnarbeitern Mehrwert herauszuholen, ohne selbst arbeiten zu
müssen. Die organisierte marxistische und sozialistische Arbeiterbewegung[51] stellte der apologetischen Wirtschaftswissen-
schaft gewissermaßen die schwierige Aufgabe, das unentbehr-
liche Tabu neu zu begründen. Und das tat sie auch!

12.2 Die modern Version des Tabus

Sie taten es, indem sie erstens den Arbeitswert aus der Welt
verbannten. Alle, die jemals als Teil eines industriellen Produk-
tionsprozesses gearbeitet oder bei einem Dienstleister dessen
immateriellen Produkte mitentwickelt haben, wissen es aus
eigener Erfahrung. Der Wert einer fertig produzierten Ware
wird in einer Wertschöpfungskette erzeugt, wobei Produktionsschritt für Produktionsschritt Zwischenprodukte durch
spezialisierte Arbeitskräfte weiterverarbeitet werden, bis das
Endprodukt zum Verkauf bereitsteht. Der eingearbeitete, zu-
nehmende Wert wird durch betriebsinterne Kostenrechnung
ermittelt. Mit dem Ziel, die Bedeutung der arbeitenden Menschen herunterzuspielen, also das Tabu aufrecht zu erhalten,
wird der Arbeitswert mit den Marktpreisen der Ware identifi-
ziert, d. h. der Wert der Ware wird mit dem Verkaufspreis
gleichgesetzt. Folgt man dieser Marktwerttheorie, wird die
Arbeit der Lohnarbeitskräfte irrelevant, denn der Wert wird ja
nicht mehr in die Produkte eingearbeitet, sondern wird unabhängig von ihrer Fertigung eine reine Marktangelegenheit. Der
Wert entstehe allein durch Angebot und Nachfrage und durch
die subjektiven Kaufentscheidungen und individuellen Käufer-
erwartungen.

Zweitens werden durch solche Theorien die Wert produzierenden Menschen zu einer Randerscheinung der Gesellschaft

gemacht. Im Zentrum gesellschaftlicher Wichtigkeit findest du nun die Besitzer von Finanzmitteln. Aktionäre, Eigentümer, Investoren und alle, die marktaktiv Entscheidungsmacht über flüssiges Kapital oder feste Bankeinlagen haben. Es ist nicht schwer zu erraten, wem solche Lehren am besten gefallen und wer sie hochhält. Diese moderne Variante des Tabus bedient perfekt seinen Zweck, nämlich dafür zu sorgen, dass die Arbeitnehmer niemals zu wissen bekommen, was wirklich vor sich geht. Lasse sie glauben, dass sie sich zu bücken haben und alle Krisen, harten Zeiten und Ungerechtigkeiten ertragen müssen, weil sie nichts weiter sind als abhängige Schachfiguren und untergeordnete, unwissende Personen. Bringe sie dazu, zu glauben, dass sie nicht fähig sind, ohne das mächtige finanzkapitalistische Establishment und dessen weltweite Machtvollkommenheit zu überleben.

Es wird Zeit, das Tabu wieder gründlich zu brechen. Die Dinge verhalten sich noch immer wie zuvor in allen zivilisierten ausbeuterischen Klassengesellschaften. Es ist eine schlichte Tatsache, dass heutzutage die produktiven, sachkundigen Unterklassen besser als jemals zuvor in der Geschichte ohne parasitäre Oberschicht auskommen könnten. Wir können den Marsch in den Abgrund stoppen. Ich bin davon überzeugt, dass sie nicht einen Moment zögern würden, sogar noch während des Absturzes Finanzwetten auf die Tiefe des Abgrunds abzuschließen. Wenn wir, die Völker der Welt, über unsere Zukunft endlich zu entscheiden haben, wird die Welt sicherer, friedlicher und ein viel besserer Platz zum Leben für alle werden.

12.3 Fiktives Kapital und Fiatgeld abschaffen

Eine Börse ist ein Ort, an dem ununterbrochen fiktives Kapital und Scheinwert erzeugt werden. Beide entsteigen einem übernatürlichen Nichts und verschwinden genauso in der Finsternis der Verdammnis. Die Preise von Effekten, von Aktien und Wertpapieren, Anleihen und Beteiligungspapieren, Krediten oder Finanztiteln steigen und fallen. Auf Märkten für materielle, produzierte Waren pendeln sich Produktpreise gemäß den Lebensbedürfnissen und den Zahlungsmöglichkeiten der Verbraucher zu schwankenden Marktpreisen ein. Welche Art Bedürfnisse aber beflügeln die Mitwirkenden an Finanzmärkten? Sie sind von der Sorge beherrscht, riesige Geldmittel verwalten zu müssen und von der Angst vor Verlusten ihres eigenen und geliehenen Geldes. Kapital muss sich vermehren. Sie sind ihr personifiziertes Kapital und die Gier nach seiner Vermehrung treibt sie um. Sie sind beunruhigt, eventuell gute Gelegenheiten ausgelassen zu haben oder stehen unter dem Druck, Zusammenbrüchen zu entgehen.

Ein Unternehmen der Realwirtschaft mit seinen Produktionswerken, den Forschungs- und Entwicklungslaboren und dem gewachsenen Knowhow der Belegschaft stellt einen wirklichen und dauerhaften Wert dar. Man begegnet ihm, wenn es z. B. darum geht, das Unternehmen neu aufzubauen oder es durch eine Industrieversicherung abzusichern. Finanzmärkte mit ihren unwirklichen Geschäften sind vermeintlich in der Lage, den Unternehmenswert enorm in die Höhe zu treiben oder aus dem Unternehmen wertlosen Ramsch zu machen. Aber die Firma bleibt was sie ist und was ihren wahren Wert ausmacht. Die Schwankungen des Aktionärsvermögens, diese als Finanzinstrumente rotierenden Vermögenswerte, offene Investment- und Rentenfonds und als Krönung Hedge-Fonds sind nichts als Zocker- und Wettgeschäfte mit Kapital ohne materielle Basis. Leider beeinträchtigen diese frivolen kapitalistischen Spielwiesen die reale Wirtschaftswelt der Völker und verwickelt sie in Finanzkatastrophen des ÖkWks.

Fiatgeld ist Papier aus der Druckerpresse, dessen Wert allein auf Vertrauen in die Deklaration einer Regierung oder Zentralbank beruht, und das in Krisen zu Papiermüll wird und einfach aus der digitalen Welt verschwinden kann. Seitdem eine Währung nicht mehr durch eine physische Ware (Gold oder Silber) gedeckt ist, kann niemand mehr den ihr innewohnenden Wert kontrollieren. Der Wert einer Währung soll heute eigentlich durch die Stärke der nationalen Wirtschaft, durch das Bruttosozialprodukt (BSP) angezeigt werden. Aber wer weiß. Nimm nur den Euro. Wofür steht er denn in den verschiedenen Euro-Staaten? Und darüber hinaus wirft die EZB mit frischen Euro-Milliarden um sich, von denen die deflationsgeplagten Ökonomien nicht einmal Gebrauch machen können.

Es geht immer noch um die alte historische Erkenntnis, dass es am Ende die gesellschaftlichen Wirte und nicht ihre sozialen Parasiten sind, die wirklich zählen und die Geschichte voranbringen. Diese alte Wahrheit wird von dem Tabu vernebelt. Die große Irreführung über den ökonomischen Wert als ein rätselhaftes Marktmysterium führt die Gesellschaft ideologisch in die Irre und nutzt nur der Mehrwert einkassierenden Klasse. In der Zivilisation des Westens hat diese ideologische Entwaffnung der arbeitenden Menschen Methode. Zu großen Teilen triff die Schuld apologetische Wissenschaft, angeführt von den Wirtschaftswissenschaften. Allerdings existieren heutzutage erhebliche Zweifel daran, ob diese Disziplin überhaupt echte Wissenschaft und nicht nur reine Hilfswissenschaft des Kapitalismus ist.

Nur wenn der Planet Erde den Finanzkapitalismus hinter sich lässt, wird es für ihn eine Zukunft geben. Nichts wird ohne fiktives Kapital und Fiatgeld auseinanderbrechen. Ganz im Gegenteil! Wie bereits ausgeführt, sind heute Umfang und Bandbreite des Sachverstandes, der Fähigkeiten und der Produktivität der Arbeitnehmerschaften in großem Rahmen hochentwickelt und weit fortgeschritten. Weil immer fähigere Arbeitskräfte benötigt wurden, hatte das kapitalistische System in den Bildungseinrichtungen und Unternehmen permanent für immer besser ausgebildete Arbeitnehmer und nachwachsende arbeitende Generationen zu sorgen. Dieser ausgezeichnete Aspekt kapitalistischer Dynamik und Konkurrenzkampfes hat die Völker so ganz nebenbei befähigt und vorbereitet, vernünftige wissenschaftliche Alternativen zu den brennenden Problemen zu erarbeiten und für sie einzutreten. Und sie können, müssen und werden mit dem Finanzkapitalismus möglichst vor dem finalen Countdown abrechnen, wenn es nämlich die Ökonomien in unausweichlichen und umfassenden Crashs und die Welt politisch, militärisch und kulturell in den Abgrund reißt. Die Menschheit verfügt inzwischen nämlich über das Potential zur Selbstvernichtung.

Gegenwärtig erleben wir weltweit, wie Finanzkapitalismus alle ernsthaften Versuche globaler, humanitärer Bewegungen und internationaler Organisationen, drängende, globale Probleme zu lösen oder zumindest abzupacken, blockiert und konterkariert. Die Völker werden nur dann vorankommen, wenn sie ihre Bemühungen auf eine antifinanzkapitalistische Perspektive ausrichten. Auf der Welt wird überall laufend an vielen Fronten Widerstand gegen so viele Missstände und Ungerechtigkeit geleistet. Auf den ersten Blick scheinen die meisten nichts miteinander zu tun zu haben. Der Widerstand ist zersplittert und jeweils auf ein spezielles Anliegen fokussiert. Aber ein tieferer Einblick in die Natur dieser Konflikte bringt gewöhnlich grundlegende gesellschaftliche und ökonomische Zusammenhänge mit Klassenkämpfen an das Tageslicht.

Spezielle Bewegungen können einzelne Kämpfe für ihre Sache gewinnen. Um aber die meisten Probleme grundlegend und dauerhaft zu lösen, müssen die Menschen den Krieg, nicht nur einzelne Schlachten gewinnen. Dafür benötigen sie eine gemeinsame Perspektive und eine einheitliche Strategie. Genau aus diesem Grund stellt sich für eine paneuropäische, basisdemokratische Widerstandsbewegung als vordringliche Aufgabe, richtungsweisend für die vielfältigen Formen des Widerstandes aufzutreten. Die hauptsächlichen, d.h. die strategischen Weichen, die es zu stellen gilt sind: Erstens. Die europäische Sache in eine vereinheitlichte, globale Befreiungsperspektive, in weltweite Solidarität und globalen, organisatorischen Zusammenhalt einbringen. Zweitens. Weltweit gemeinsam und so koordiniert und synchronisiert wie möglich gegen das Haupthindernis für das Überleben auf dem Globus antreten; den Finanzkapitalismus!

Lieber Yanis und alle anderen DIEMer, ist es für eine heutige, linke, basisdemokratischen Bewegung nicht erbärmlich, sich strategisch vorzunehmen, die EU schützend zu umzäunen und den europäischen Kapitalismus zu reparieren und vor sich selbst zu retten?

13 Strategisches Ziel: Den Krieg aus der Welt schaffen

Ich will und kann keine detaillierten Strategien aus meiner privaten Studierstube anbieten. Wie auch immer, neben der Hauptnotwendigkeit „Finanzkapitalismus abschaffen!" gibt es eine weitere dringende Forderung, die überall auf der Welt ansteht und in höchstem Maße über die zukünftige Verfassung und Bewohnbarkeit der Welt entscheidet: Den Krieg aus der Welt schaffen!

13.1 Die Waffen- und Kriegsindustrie abschaffen

Wie ich es empfinde, muss Schluss damit sein, immer nur Theorien zu widerlegen und zu lamentieren, zu entlarven und aufzudecken, anzuklagen und öffentlich zu machen, was auf der Welt von den ökonomischen Kriegsherren im Hintergrund, den offen agierenden politischen Kriegsherren, den großkapitalistischen Kriegsgewinnlern an Kriegsverbrechen gedeckt, geplant, angewiesen und von national verblendete, religiös aufgeputschten und verrohten Kämpfern umgesetzt wird. Es gibt niemanden, der nicht über die gigantischen Geschäfte mit

Tod und Zerstörung Bescheid weiß. Wir werden heutzutage in Echtzeit Zeuge mörderischer Kommandounternehmen am Boden und aus der Luft sogar auf Krankenhäuser und Schulen, städtische Belagerungs- und Stellungskriege und Straßenkämpfe, bei denen alles in Schutt und Asche versinkt. Wir sind Augenzeuge, wie Drohnen hinterrücks und präzise killen. Uns werden online an Giftgasangriffen krepierte ganze Ortschaften vorgeführt. Man informiert uns über Landminen, die spielende Kinder zerfetzen, und, und, und ... Und dann gibt es etwas, dass sich tief in mein Unterbewusstsein eingebrannt hat: es ist dieses Kriegsfoto aus dem Vietnamkrieg von einem nackten, von Napalm verbrannten vietnamesischen Jungen, der weinend allein eine Straße langlief, während rechts und links im Busch der Krieg tobte.

Niemand muss weder mir, noch, glaube ich, kaum irgendjemand anderem erzählen, dass Krieg abzuschaffen ist. Aus persönlichen Erfahrungen und der weltweiten, täglichen Realität des Krieges, genauso wie aus all dem Kriegsgrauen der Geschichte kann es nur eine Schlussfolgerung geben: Wir müssen endlich Schluss machen mit den Alpträumen von Waffen, Rüstung und Militär! Jene Kriegsrüstungsindustrie großen Stils, die weltweit die Mittel für Krieg und Massenmord liefert, muss abgeschafft werden! Diese Industrie beweist eindeutig, dass kapitalistische Verhaltensweise keinerlei Moral kennt. Man hat weder eine hohe, humanistische Moral noch eine primitive. Sie sind vollkommen frei von Moral. Bei allen Angelegenheiten gibt es nur einen einzigen Gesichtspunkt von Belang: Wie zahlt sich eine Kapitalinvestition aus? Dabei ist es egal, wie sinnvoll, gesellschaftlich notwendig oder verwerflich ein Projekt ist. Ob medizinisches Forschungslabor, erneuerbare Energien oder Giftgasfabrik und Militärdrohnen spielt keine Rolle. Das Kapital folgt immer dem Geruch der höchstmöglichen Profitrate.

Wir müssen uns mit der wohl mächtigsten, weitgehend im Dunkel der Illegalität operierenden, in großem Umfang Korruption betreibenden, skrupellosesten und gefährlichsten Industriebranche einlassen, die es gibt, die aber dennoch tief in Staat und Gesellschaft verankert ist, allen voran in den USA.

Als eine internationale Initialkampagne stelle ich mir vor:

13.2 Exporte von Waffen, Militärgütern und Ersatzteilen verbieten

Das bedeutet für die Vorkämpfer, in ihren Ländern alle betroffenen Firmen zu benennen, die es zu Fall zu bringen gilt. Wir brauchen legale Initiativen in Parlamenten und Regierungen. Wir müssen die Gewerkschaften für Kampagnen gegen konkrete Ausfuhrgenehmigungen für Militärmaterial gewinnen und für den Kampf gegen die Produktion neuer Waffengenerationen. Wir müssen uns mit der Opposition in Regimen und Staaten zusammenschließen, welche die Waffensysteme hier einkaufen. Wir müssen gegen die Nato und alle anderen Militärallianzen unabhängig von ihrem politischen Lager antreten. Wir müssen mithelfen, in den nationalen Armeen dieser Welt die Vorstellung von Freund und Feind richtigzustellen.

13.3 "Schwerter zu Pflugscharen!" Die Kriegsindustrie umwandeln

Ein höchst brisantes Problem bei der Stilllegung von Waffenfertigungen ist die Frage möglicher Arbeitsplatzverluste. Wir müssen uns im zentralen und betrieblichen Gewerkschaftsrahmen und in Wissenschaft und Forschung für Konzepte zur Überführung der Waffenproduktion in Zivilfertigung von anspruchsvollen, nützlichen und benötigten Maschinen, Fahrzeugen, Flugzeugen, etc. starkmachen. Die Belegschaften der betroffenen Firmen wissen sicherlich besser als jeder andere, was sinnvoll und machbar sein wird.

Wie kann eine solche Umstrukturierung ohne den Verlust auch nur eines einzigen Arbeitsplatzes finanziert werden? Vor allen Dingen wird hierfür ein öffentlicher Fonds benötigt, der sich aus den enormen Profiten und Subsidien der Branche speist. Sollten die Anteilseigner und Eigentümer mit ins Boot kommen, werden sie gebeten, alle Bestände, Rücklagen und Außenstände in das großartige Projekt einzubringen. Ist das nicht der Fall und bestehen sie auf ihrer kapitalistischen Verfügungsgewalt, tun zu können, was ihnen beliebt, werden sie im Interesse der Öffentlichkeit und der Humanität zu enteignen, und ihre Vermögenswerte mit den Projektkosten der Umorganisation bis zu dem Zeitpunkt, an dem sich die neue Friedensproduktion selbst trägt, zu verrechnen sein. Die Regierung wird ihrerseits die Kosteneinsparungen, die sich durch eine notwendige, radikale Umorganisation der Streitkräfte des Landes ergeben, zu dem oben genannten Fonds beisteuern können.

Natürlich sind diese Überlegungen zunächst nur eine Art Brainstorming, nicht der Versuch, eine Kampagne zu starten (das kann niemand allein bewerkstelligen). Sie sollen vielmehr einen Eindruck davon vermitteln, wie schwierig, langwierig und doch absolut notwendig und gangbar dieser vor dem Volk und vor der Linken liegenden Weg sein wird.

13.4 Die unheilige Dreieinigkeit bröckelt

Die Welt wurde bisher von einer Triade, von den großen Drei beherrscht: Monopolistischer Kapitalismus – Nationalismus - Nationalstaatenkriege. Während der vergangenen 150 Jahre hat diese unheilige Dreieinigkeit die Welt dadurch in Atem gehalten, dass imperialistische Großmächte den Globus erst untereinander aufgeteilt und ihn anschließend gewaltsam umverteilt haben. National angesiedeltes Großkapital hat weltweit um Rohstoffe, Märkte und koloniale Einflusssphären gekämpft. Der Konkurrenzkampf wurde durch ökonomischen

Wachstumszwang ausgelöst, im Endeffekt aber nicht ökonomisch, sondern durch Waffengewalt und Krieg entschieden. In diesem Kampf der Giganten spielten zwei Gesichtspunkte die entscheidende Rolle: Erstens für überlegene Bewaffnung in allen Waffengattungen zu sorgen; zweitens über Millionen von Soldaten zu verfügen, die diese Waffen führten. Diese Männer aus den Nationalstaaten sollten nationalistische Gesinnung teilen, um ohne zu zögern auf die Männer der Gegenseite loszugehen. Diese Haltung war die Folge von patriotischen Vaterlands- und nationalistischen Überlegenheitskulten in allen Ländern, also von Nationalismus und Chauvinismus. In dem Geist der Sozialistischen Internationale von 1889 wäre ein solcher Krieg niemals zu führen gewesen.

Fazit: Die Triade wird charakterisiert zum einen durch Maximalprofite garantierende Rüstungsindustrie, die die Militärwerkzeuge für Macht und Herrschaft liefert, zum anderen durch nationalistisch verblendetes militärisches Menschenmaterial.

Der Verlauf der neueren Geschichte hat die Triade brüchig werden lassen. Obwohl sich momentan Nationalismus äußerst aggressiv aufführt, hat er im Ganzen gesehen doch einen schwereren Stand. Heutzutage lernen sich die Völker besser als je zuvor kennen und rücken objektiv enger zusammen. Es wachsen junge, kosmopolitisch eingestellte Generationen heran. Die Front, die sich nationalem Denken entgegenstellt, scheint viel stärker als in früheren Zeiten zu sein. Andererseits benötigen die triadischen Establishments immer weniger nationalistisch verführten Massen, um Krieg zu führen. Der erreichte technologische Militärstandard kommt ohne riesige Kanonenfutterarmeen aus. Heutzutage werden an den Knöpfen von Hochtechnologiesystemen Spezialisten nachgefragt. Für diese Experten ist keinerlei nationales Ethos vonnöten, sondern nur gute Bezahlung und ein emotionsfreier Killerinstinkt, also Söldnermentalität. Es ist gut möglich, dass globale

Monopolgesellschaften der ökonomischen Kernbranchen Privatarmeen unterhalten werden, die als interne Sicherheitskräfte und Schutztruppen getarnt sind. Ich denke hierbei an Ölgesellschaften, globale Schifffahrtslinien, große Airlines, Google oder Amazone, um vermeintlich ihre Server und Zentralen in Cyberkriegen zu sichern.

In diesem Licht transnationalen Militärs, nimmt der Kampf gegen die vernetzte Rüstungsindustrie neue Dimensionen an. Es geht nicht mehr nur um nationale Streitkräfte und nationalistisch indoktrinierte Soldaten, denen man eingeredet hat, angeblich für ihre Heimat zu kämpfen und für ihre Familie zu sterben. Solche Gesichtspunkte treten immer mehr in den Hintergrund. Die Welt wächst täglich enger zusammen und die Sinnlosigkeit solcher Kriege wird immer offensichtlicher. Global betrachtet werden Nationalismus und nationalstaatliche Kriege immer unnützer und halten die Triade nicht mehr zusammen, wodurch der monopolistische und Finanzkapitalismus isolierter, belagerter und irgendwie verletzlicher übrigbleibt. Ich erträume mir Leute, die sich weigern, in den Krieg zu ziehen und es eher auf einen Bürgerkrieg gegen das Kriegslager ankommen lassen, als unschuldige Ausländer, über die sie ganz gut Bescheid wissen, wie auch die Soldaten des sogenannten Feindes auszulöschen. Halten wir die lehrreichen Beispiele aus der Geschichte hoch, wie z.B. die Verbrüderungen englischer, französischer und deutscher Soldaten in den Schützengräben des 1. Weltkriegs, den Kieler Matrosenaufstand im November 1918 in Deutschland, der die deutsche Revolution auslöste, oder die vielen US-Kriegsdeserteure, die Schweden während des Vietnamkriegs aufgenommen hat und die weltweite erfolgreich Bewegung gegen den Vietnamkrieg in jener Zeit.

Und so hängen die zwei strategischen Hauptziele zusammen: Ohne global vertriebene hightech Waffensysteme einiger Großmächte wird aus dem weltweiten Finanzkapital ein zahnloser Tiger. Und ein ausgebremstes Finanzkapital kann sich keine hightech Armeen mehr leisten.

13.5 Stell' dir vor es ist Krieg und keiner geht hin?

Die Angelegenheiten liegen nicht so leicht und klar auf der Hand, wie sie sich von einem moralischen, philanthropischen, religiösen oder pazifistischen Standpunkt aus erklären. Man kann den Krieg nicht als ein allgemein menschliches Problem behandeln. Auch wenn man den modernen Krieg bekämpfen kann, heißt das nicht automatisch, dass man in der Lage ist Gewalt und Kampf aus der Geschichte zu verbannen.

Es steht außer Frage, dass ein Land sich verteidigen und für seine Befreiung kämpfen muss, wenn es z. B. wegen seiner Naturschätze und aus Gründen imperialer Vorherrschaft überfallen wird. Die Geschichte lehrt auch, dass ein Volk wirkliche Freiheit nicht unter der Fahne nationaler Befreiung und der Gründung eines eigenen „Wir"-Nationalstaates erreichen kann, möge er nun demokratisch, republikanisch oder sozialistisch etikettiert sein. Niemals wieder sollten Völker gegen andere Völker antreten. Wenn ein Staat eine Aggression oder Intervention startet, muss eine vereinigte Befreiungs- und Antikriegsbewegung gemeinsam in beiden Ländern antreten, sowohl in dem besetzten Land als auch im Land der Aggressoren.

Rufen wir in Erinnerung: Arbeiter haben kein Vaterland, Nationen sind imaginierte bürgerliche Hilfskonstrukte und Kriege werden für finanzkapitalistische Interessengruppen durch deren national getarntes Hochtechnologiemilitär geführt. Es ist wirklich eine nette Idee, dieses „stell' dir vor es ist Krieg und keiner geht hin". Wenn die Völker den Marsch des Finanzkapitals in den Abgrund verhindert, die exzessiven Militärausgaben abgeschafft und die Rüstungsindustrie in Friedensproduktion überführt haben, dann wird es allerdings keinen Krieg mehr geben, zu dem man nicht hingeht.

14 Ich komme zum Schluss

14.1 Es kommen harte Zeiten

Ich bin nicht in der Lage, für die nächsten Jahre eine Liste mit all den weiteren, notwendig werdenden Forderungen zu präsentieren, denn das hängt davon ab, was weltweit geschehen wird: z. B. wenn Trump der nächste US-Präsident werden sollte,[52] oder ein wahnsinnig gewordenes Regime eine Atombombe wirft, oder China einen Krieg gegen Japan im Südchinesischen Meer beginnt, oder große Teile der atlantischen Welt in autoritärem, neofaschistischem Chaos versinken. Eventuell müssen wir sehr schnell eine grenzübergreifende, antifaschistisch-antidiktatorische Front aufbauen, um die vielen illegalisierten, Widerstand leistenden, demokratischen und anständigen Menschen zu verstecken und ihnen Schutz zu gewähren, beispielsweise aus Ungarn, Polen, der Türkei, vielleicht aus Frankreich oder den Trump-US und gleichzeitig notwendige Résistance-Strukturen schaffen, um uns zu wehren.

Den genauen Verlauf der Geschichte kann niemand vorhersehen. Dennoch setzen sich auf diese oder jene Weise unabdingbare, gesetzmäßige, den Ereignissen innewohnende Trends durch. Um den richtigen politischen Weg einzuschlagen, muss man diese Entwicklungen hinter dem Oberflächenchaos aktueller Ereignisse erkennen. Was mich betrifft, so bin ich mir leider sicher, dass den Menschen in den nächsten zehn bis zwanzig Jahren schlimme Zeiten bevorstehen, worauf wir, lieber Yanis, uns in Theorie, Strategie und Organisierung vorbereiten müssen. Es ist gut möglich, dass wir zunächst keine berauschenden Erfolge bei den Massen feiern werden, dass man uns als Radikale und Terrorismusfreunde brandmarken, dass man gegen uns persönlich und ideologisch hetzen wird. Lass sie bellen. Aber du kannst sicher sein, dass sie die Völker in globale, ökonomische Krisen bisher unbekannten Ausmaßes treiben werden und dass das auch für die europäischen Völker schreckliche Auswirkungen haben wird. Griechenland ist doch nur der Vorbote schlimmer Verwerfungen in weiten Teilen eines Europas der Nationalstaaten, die untereinander um das Überleben kämpfen werden. Und dann, Freunde, Kollegen und Genossen, dann wird es entscheidend darauf ankommen, was wir zu sagen haben, worauf wir vorbereitet sind und vor allem, dass die Leute auf uns zählen und uns trauen können.

Es ist geradezu lebenswichtig, an allen sozialen, politischen und ökonomischen Kämpfen aktiv teilzunehmen, und zwar nicht, indem wir sie von außen infiltrieren, sondern indem wir die Aktivisten für die allgemeine Sache des Widerstandes gewinnen. Unsere spezielle Aufgabe wird es sein, den Ereignissen eine realistische Perspektive mitzugeben. Keinesfalls aber dürfen wir die Führung erzwingen, indem wir andere Organisationen und Bewegungen wegbeißen. Und ein letzter frommer Wunsch: Lasst uns niemals eine klare Linie aufweichen um den Preis der Anerkennung in ihren Reihen und Parlamenten oder uns persönlichem Druck beugen. Die wahren Helden unserer Zeit sind Menschen wie Edward Snowdon und Julian Assange, genauso wie chinesische Vorkämpfer für Demokratie und freie Rede oder die mutigen Journalisten, die oft in einer Reihe von Ländern brutal verfolgt und sogar auf offener Straße erschossen werden wie in Russland und die dennoch für die Sache ihrer Leute weiterkämpfen. Wir müssen gar nicht so weit blicken, nur bis zur chauvinistischen Türkei des Autokraten Erdogan. Und vergesst nicht, „Nous sommes Charlie!", nicht wahr?

14.2 Wofür du dringend gebraucht wirst, Yanis

Mit anfänglicher Begeisterung für paneuropäische Politik und für deine aufrechte Haltung gegen alle Widerstände sind viele, mich eingeschlossen, für DIEM aktiv geworden. Nachdem ich allerdings gründlich darüber nachgedacht habe, was wir machen, wofür wir uns einsetzen und worauf wir zusteuern, hat sich mein Enthusiasmus in tiefe Besorgnis gewandelt.

Mal im Ernst, Yanis, was sind denn die großen Fragen unserer Zeit? Transparenz durch veröffentlichte Sitzungsprotokolle in Brüssel und Organisierung von EIB/EIF-Investitionen in Südeuropa oder den Finanzkapitalismus daran hindern, die Welt in den Abgrund zu stürzen? Europa vor der Welt zu schützen und den europäischen Kapitalismus zu reparieren, oder auf globaler Ebene die überflüssigen und zurückgehalten Milliarden des Finanzkapitals für die Lösung der dringendsten Weltprobleme zu verwenden? Wofür lohnt es sich zu kämpfen? Ich kann nur alle DIEMer und das ganze linke Lager bitten, sich diese Fragen ernsthaft zu beantworten. Ja, ich habe auch Angst vor dem, was der Welt bevorsteht und ich wünsche uns allen die Zivilcourage, die wir benötigen, um gegen die momentane Tide standzuhalten.

Die Völker gleichen begabten, starken und stolzen Löwen. Die Evolution hat sie eigentlich als die Könige und Wächter der Natur ausersehen. Aber sie sind es nicht. Sie wurden über Jahrtausende von immer wieder wechselnden, kleinen aber cleveren Oberklassen gezähmt, die sich die Kraft der Löwen zunutze gemacht haben und von deren gezähmter Leistungsfähigkeit in den Arenen der Geschichte gut leben konnten. Aber die Löwen blieben gefährlich, manchmal unberechenbar und fähig, auf ihre Dompteure loszugehen. Wenn sie diese gelegentlich überrannten, mussten die in Deckung gehen, schickten aber sofort neue Löwentrainer, die die Zähmung mit verbesserten Methoden, besserem Futter und neuen Käfigen weiterführten.

Die Löwenvölker sind das menschliche Element in der Natur. Du, ich und die Genossen und Kollegen von DIEM25 sollten unbedingt Teil der globalen Löwenherde sein und ihr helfen, sich von den Käfigen zu befreien und ihrer wahren Bestimmung als Führer und Wächter dieses Planeten Erde gerecht werden. Ich bitte dich Yanis, kehre jener Sorte von akademischen Karriereberatern des Kapitalismus den Rücken. Völker und Befreiungsbewegungen haben wirklich Bedarf an Persönlichkeiten mit beeindruckendem Auftreten. Sie brauchen Wirtschaftswissenschaftler, die aufbegehrenden Völkern die Achillesfersen des herrschenden Wirtschaftssystems erklären und ihnen Wege aufzeigen können, wie man es entschärfen und damit den Abgrund, dem wir uns annähern, entgehen kann. Die Welt benötigt Intellektuelle mit dem Herz am rechten Fleck und einer ehrlichen, schlichten Parteinahme für die hart arbeitenden einfachen Leute.

Viribus unitis
[mit vereinten Kräften]

Reinhard
Hamburg
Germany

Anmerkungen

[1] Yanis Varoufakis: On Ancient Greece and the Nature of Money (youtube, 04.04.2016, 14:30-14:46).

[2] Y. Varoufakis, And The Weak Suffer What They Must?, London 2016, p. 4 (*"It took half a century for Europe to heal its war wounds through solidarity and turn into a beacon on humanity's proverbial hill, but it did."*). Dieses Bild wird auch im Manifest von DIEM25 benutzt.

[3] Sie kamen aus Frankreich, Deutschland, Großbritannien, Belgien, Holland, Österreich, der Schweiz, Norwegen, Dänemark, Schweden, Finnland (damals russisch), Italien, Spanien, Portugal, Russland, Polen (damals russisch), Tschechien und Ungarn (damals Österreich-Ungarn), Bulgarien, Rumänien und den USA.

[4] Aus einem Bericht über eine Versammlung eines, sozialdemokratischen Berliner Wahlunterstützungsvereins, 26. Aug. 1913.

[5] Benedict Anderson, Imagined Communities. Reflections on the Origin and Spread of Nationalism, London [2]1991.

[6] Rosa Luxemburg, Nationalitätenfrage und Autonomie (1908/09), hg. v. Holger Politt, Berlin 2012, p. 51-52.

[7] 2014:"Noam Chomsky": Why you cannot have a Capitalist Democracy! (youtube, 5.10.2014, 0:08-0:12: *"I started by saying that one of the relations between capitalism and democracy is contradiction. You can't have capitalist democracy!"*).

[8] Noam Chomsky: Democrats are really moderate Republicans (youtube, 09.10.2013: *"That the United States was a one-party state with a business party that had two factions, the Democrats and the Republicans. ... But that's not any more. The US is still one-party state, the business party, but there is only one faction, and it is not democrats, it is moderate republican. Today's Democrats shifted to the right."*)

[9] Yanis Varoufakis, speech at: The Launch of DIEM25 at Volksbühne Theatre, DIEM 25.official (youtube, Febr.2016, 16:42-16:47: *"the purpose of which is to put the demos back in the democracy against the European Union establishment"*).

[10]Ibid. at 6:22-6:33: *"Democracy was bleached out of European Union's decision making process. The demos has long ago been taken out of democracy".*

[11] Ibid. at 5:55-6:05. *"Our radical message is very simple and is ... directed to those who are probably not watching the livestream. They are exhausted after a long day's work. They are depressed. They are watching some reality show on television trying to drown their anxieties and forget about their trials into relations. Those who doubt that there are rulers know what they are doing but they don't know where to turn to and don't believe into politics. It is them, the majority, suffering in quiet desperation that we must reach out to, with a perfectly simple radical message ..."*

[12] *Father McKenzie,||Wiping the dirt from his hands||As he walks from the grave,||No one was saved.||All the lonely people||Where do they all come from?||All the lonely people|| Where do they all belong?* Deutsch durch RP.

[13] *Yanis Varoufakis and Lorenzo Marsili, On the anniversary of the Greeks' OXI, we say NO to a retreat to leftist nationalism, in: DIEM25 articles, Jul 11, 2016: "A year ago, the OXI vote in Greece was a thumping NO to an authoritarian, austerian, troika-controlled EU and a majestic YES to a democratic Europe. This message is more relevant today than ever."*

[14] Ich habe dieses Zitat mitgeschrieben, aber leider nicht notiert, woher es genau stammt. Ich verbürge mich jedoch für die Richtigkeit und hoffe, dass du selbst dich erinnern kannst, wo du diese Worte geäußert hast. Im englischen Original lauten sie: *"The aim is to use the Athens Spring as a springboard for a new coalition of democrats demanding that the demos, the people, are put back to democracy."*

[15] Yanis Varoufakis: "We are going to destroy the Greek oligarchy system" (youtube, 26.1.2015).

[16] Text auf dem vorderen inneren Cover von Yanis Varoufakis, And The Weak Suffer What They Must?, London: The Body Head, 2016: *"to save European capitalism from itself".*

[17] Yanis Varoufakis: Confessions of an Erratic Marxist, (youtube, May 14th 2013, 4:35: *"that instead of offering to replace capitalism they were suggesting ways in which capitalism could be saved").*

[18] Yanis Varoufakis (DIEM25.org) visits Germany: We have to transform the European Union, (Weltnetz TV), (youtube, 19.02.2016, 1:04:20 – 1:05:00: *"You know what my ambition will be? To stabilize European capitalism! Cause this constant downward spiral is terrible for the left. It's terrible for waking people everywhere. It is a complete gift to the ultra-nationalists, to the bigots, to the misanthrope, to the racists. Let's do that, stabilize it. And*

en, then we can start the class war again, the class conflict, the left vs. right thing").

[19] Yanis Varoufakis, Stuart Holland, und James Galbraith, Bescheidener Vorschlag zur Lösung der Eurokrise, München: Verlag Antje Kunstmann, 2015.

[20] Siehe S.21.

[21] Yanis Varoufakis: The Future of Europe, at the Institute for New Economic Thinking: Paradigm Lost: Rethinking Economics + Politics, Berlin 2012, (youtube 13.04.2012, 2:11: *"Europe as a whole will need to be ring-fenced").*

[22] Wie Endnote 19, S. 58/59. Das englische Originalzitat lautet: *"While broad in scope, the Modest Proposal suggests no new institutions and does not aim at redesigning the Eurozone. It needs no new rules, fiscal compacts, or troikas. It requires no prior agreement to move in a federal direction while allowing for consent through enhanced cooperation rather than imposition of austerity. It is in this sense that this proposal is, indeed, modest"* (Varoufakis / Holland / Galbraith, A Modest Proposal for Resolving the Eurozone Crisis", Version 4.0, July 2013, last passage (from internet)

[23] Document: DIEM 25 – Organising principles, sect. 7. Inzwischen sind die Organisationsgrundlagen intern per Abstimmung beschlossen worden.

[24] DIEM25 Organisationsgrundlagen, Abschnitt 7.

[25] Im ersten Entwurf der Organisationsgrundlagen ist die Identitäts- und Bewusstseinsspaltung noch offener formuliert worden: *"The bodies and executives demanded by the legal governance structure ... will have no authority over DIEM25's political work and will only be responsible to Belgium's legal authorities."* Der Generalsekretär ist also nur dem belgischen Staat verantwortlich und hat mit der Politik DIEMs nichts zu tun. Inzwischen wird von den DIEM-Amtsinhabern eine Einverständniserklärung unterschrieben, mit der sie ihre Identitätsspaltung zementieren, denn die Führungsposten gemäß DIEM Organisationsgrundlagen und der rechtlichen Verfassung werden in Personalunion besetzt.

[26] Yanis Varoufakis, speech at Volksbühne (youtube, 02.2016, 19:31 – 20:39: after *"very long and serious deliberation among all Europeans who want to join us in that deliberation. We are going to present detailed policy proposals for Europeanizing and therefore stabilizing the crisis of debts, of banking, of extremely low investment")*

[27] DIEM25 Organisationsgrundlagen, ANHANG: Die rechtliche Verfassung ..., art. 5 ("Prioritäten").

[28] Siehe Zitat S. 52.

[29] DIEM25 Organisationsgrundlagen, ANHANG: Die rechtliche Verfassung …, art. 5 ("Ziele").

[30] Der Ausdruck "Der Lange Marsch durch die Institutionen" kann in jener Zeit auf. Er war eine Anspielung auf den Langen Marsch der chinesischen Roten Armee unter Führung Mao Tse-tung im Verlauf des Bürgerkriegs 1834-1935.

[31] Varoufakis visits Germany: We have to transform the European Union (Weltnetz TV), (youtube, 19.02.2015, 50:35: the EU *"is no democracy, where decisions are being made there by people you have never heard of, that you never elected"*).

[32] Ibid. 50:40: *"This is why we have begun this process [DIEM25] a few days ago in the heart of the most significant democracy in Europe, in Berlin."*

[33] Der Kanzler/in durch Wahl von ihrerseits gewählten Parlamentariern, die Minister durch Nominierung durch diesen Kanzler/in, und alle zusammen ernennt von dem Bundespräsidenten.

[34] „Wenn wir nicht nachgeben. Die europäische Linke nach dem Brexit: Die Perspektive der DIEM25-Bewegung. Ein Gastbeitrag von Yanis Varoufakis", in: neues Deutschland, 05.09.2016, Option 3: „Der Vorschlag von DIEM25 für einen Aufstand in der EU" S. 3-4, hier Abs. 7.

[35] Zitate ibid.

[36] Yanis Varoufakis, "To prevent Brexit from turning nasty, progressive internationalists must come close to winning 10 Downing Street", posted on October 11, 2016, on DIEM25.org.

[37] Zitatnachweis S. 48.

[38] Der englische Originaltext lautet: *"They sentenced me to 20 years of boredom, // For trying to change the system from within. // I'm coming now, I'm coming to reward them. // First we take Manhattan, then we take Berlin."* Übertragung in das Deutsche durch RP.

[39] Varoufakis, speech at Volksbühne (youtube, Febr.2016),

[40] Varoufakis, Speech at Volksbühne (youtube, 02.2016, 19:29 - 20:22: *"In the medium term our priority is to present as DIEM after very long and serious deliberation among all Europeans who want to join us in that deliberation. We want to present detailed policy proposals Europeanising and therefore stabilizing the crisis of debts, of banking, of extremely low investment … We are going to be presenting fully fledged comprehensive proposals on how to stabilize the crisis of debt, low investment, banking, poverty, which is rising almost everywhere …"*).

[41] In der englischen Fassung der DIEM25 Organisationsgrundlagen, ANHANG: Die rechtliche Verfassung …, art. 5 (Priorities) heißt es: *"Call a founding Assembly consisting of representatives elected by transnational ballot to draw up a European Constitution in order to transform Europe into a fully-fledged democracy."* Dieser Passus fehlt in der deutschen Version.

[42] Varoufakis, Speech at Volksbühne (youtube, 02.2016, 21:39 – 22:12).

[43] Yanis Varoufakis (DIEM25.org) visits Germany: We have to transform the European Union, (Weltnetz TV), (youtube, 19.02.2016, 1:04:18 – 1:04:32: *". . . to do that which we need to do – to build an alliance of democrats throughout the European Union. Not to make the European Union the ideal society. We cannot do that. You know what my ambition will be? To stabilize European capitalism …"*)

[44] A Modest Proposal, 4.0, sec. 2: *"The Eurozone features a central bank with no government, and national governments with no supportive central bank, arrayed against a global network of mega-banks they cannot possibly supervise."*

[45] A Modest Proposal, 4.0, sec. 4, Policy 1: *"The Eurozone must eventually become a single banking area with a single banking authority."*

[46] Modest Proposal, Policy 1.

[47] A Modest Proposal, 4.0, sec. 4, Policy 3: *"An Investment-led Recovery and Convergence Programme (IRCP)"*. Was mir in den EU Diskussionen und Dokumenten am meisten imponiert, sind die intelligenten Abkürzungen, wodurch sich alle Angelegenheiten welthistorisch bedeutend anhören.

[48] A Modest Proposal, 4.0, sec. 4, Policy 3, Rationale: *"The world is awash in savings seeking sound investment outlets."*

[49] NT, 2 Thess. 3:10.

[50] Originaltitel: Adam Smith, *An Inquiry into the Nature and Causes of the Wealth of Nations,* 1776.

[51] Oben ist schon von der Sozialistischen Internationale von 1889 gesprochen worden: siehe S. 21 .

[52] Heute, gerade als ich diese Zeilen in das Deutsche übertragen habe, ist genau das geschehen: Trump ist Präsident geworden.

FSC
www.fsc.org

MIX

Papier | Fördert
gute Waldnutzung

FSC® C083411

Zeitfracht Medien GmbH
Ferdinand-Jühlke-Straße 7
99095 Erfurt, Deutschland
produktsicherheit@kolibri360.de